U1070396

“茅舍槿篱溪曲”

“门外春波荡绿”

踏上回归精神故里寻古探幽的旅程，

感受乡土的温暖与润泽，

体味精神家园的馨香。

2

国家出版基金项目
NATIONAL PUBLICATION FOUNDATION

“十三五”
国家重点图书
出版规划项目

中国民间文化遗产抢救工程
THE PROJECT TO CHINESE FOLK CULTURAL HERITAGES

河北黄岔

中國歷史文化名村

中国历史文化名城·名镇·名村丛书

中国民间文艺家协会 / 组织编写
总主编 / 潘鲁生 邱运华
本卷主编 / 张贵生 和莲芬

知识产权出版社
全国百佳图书出版单位
—北京—

《中国历史文化名村·河北黄岔》
编委会

积聚海量信息 寻觅科学路径（序一）

邱运华

传统村落保护是当下中国文化遗产保护工作中最重要的社会性课题之一。对于一个具有绵延五千年不间断农业文明的民族来说，传统村落能否得到妥善保护更是一个文明能否传承的关键问题。

传统村落保护是当代社会发展的普遍问题，不独中国社会存在，西方发达国家存在，东方发达国家也存在。从世界范围看，这是一个国家从欠发达到发达、从农业社会过渡到工业社会、从以农村为主体发展到城镇化生活方式过程中普遍存在的问题。有学者把中国农村经济结构改造、社群建设、新文化建设和整体民生改善工作这一进程，追溯到 20 世纪 50 年代。但我以为，它毕竟不是我们现在所处的整体转向工业化、城市化进程中遇到的课题。中国社会同一性质的乡村保护课题，起源还是世纪之交的 2003 年 2 月 18 日“中国民间文化遗产抢救工程”。2012 年 12 月 12 日，住房和城乡建设部、文化部、财政部联合发布《关于加强传统村落保护发展工作的指导意见》，2014 年 4 月 25 日，除上述三部外又增加了国家文物局，联合发布《关于切实加强中国传统村落保护的指导意见》，两次重申传统村落保护的联合行动。冯骥才先生在 2012 年的一篇文章里把传统村落保护提高到文明传承的高度，我认为非常正确。中国社会各界对传统乡村保护的问题，有着非常积极的呼应。

中国是发展中国家，但是从东部、南部和东南部区域看，具有发达国家的基本特征。农村人口从西部向东部、从村落向城镇转移，是 1990—2010 年之间最重要的社会现象，这一巨大的人口变迁集中表现为城镇人口急速膨胀、传统村落急速空心化，不少历史悠久的自然村落仅仅剩下老人和儿童。因此，传统村落的保护在中国面临的问题，与发达国家相比，具有共同性。例如，从“二战”后恢复到工业化时期，德国和日本先后进行的村落更新或改造项目，具有几个明显特征：一是以激发村落内部活力、发展农村经济作为前提，以改造农村基本生活设施作为基础展开；二是村落更新或再造项目以土地管理法令的再研究作为保障；三是建立了学术界论证、公布更新或再造规划、政府支持的财政额度及投入指向、个性化改造方案与村民意愿表达的有效沟通机制，有效保障村落历史文化、自然风景、公共空间与私人空间等要素。综合来看，先行的国家特别注重传统村落的“民间日常生活”保存问题。

所谓“民间日常生活”的具体含义是什么？乃指传统村落村民群体的方言、交往方式、经济生产活动、衣食住行、生老病死、教育、节日活动、传统风俗、民间信仰活动以及区域性的传统手工艺活动等，以及上述种种的精神性、思想性、文化性、艺术性和物质性表现形态。长期以来，中国传统村落之所以成为民族文化的保留者和传承平台，核心在于保存着这个民间日常生活，它的内容和方式，在民间日常生活的基础上，方可承载不同样式、层次的民族文化。

之所以在这里提出“民间日常生活”作为传统村落的文化基础问题，乃是因为看到目前对待传统村落的两种观点具有一定的欺骗性，并不同程度地主宰和误导了传统村落的基本价值指向。一种是浪漫主义传统村落观，一种是商业主义传统村落观。浪漫主义传统村落观把传统村落理想化、浪漫化，仿佛传统村落是用来怀旧的，象征着一切美好的自然与人类的和谐，田园风光，日出而作，日落而息，男耕女织，像是《桃花源记》里的武陵源，“不知有汉，无论魏晋”。但是，这不是民间日常生活；民间日常生活还包含在落后生产力条件下的温饱之苦、辛劳之苦，是传统村落里百姓的生活常态；生产关系之阶级阶层压迫、政治强权和无权地位，以及在自然面前束手无策，在兵灾、匪患和种种欺男霸女面前的悲惨状态，甚至中华人民共和国成立以来出现过的政治压迫、思想禁锢和社会运动之灾，是乡村浪漫主义者无法想象的，而这，就是大多数传统村落的民间日常生活。文人雅士，在欣赏田园风光和依依炊烟之时，能否探入茅舍，去看看灶台、铁锅和橱柜，去看看大量农夫、农妇的身子，他们是否仍然饥饿、寒冷？或者他们的孩子是在劳作还是就学？商业主义传统村落观呢，则直接把传统村落改造成伪古典主义的模板，打造成千篇一律的青砖瓦房，虚构出一系列英雄史诗和骑士传奇，或者才子佳人和神异仙境的故事，两者相嫁接，转化为商业价值或者政绩价值，成为行政或市场兜售的噱头，这一行为成为当下传统村落“保护”的常态。这两种传统村落观，一个共同的特点是把村落与民间日常生活相割裂，抹杀了民间日常生活在传统村落里的价值基础，从而，也直接把世世代代生活于这一场景的村民们赶出村落，嫌他们碍事，妨碍了我们的浪漫主义和商业主义梦想；他们不在场，我们可以肆意妄为地文化狂欢。那些在民间日常生活中久存的精神性的、思想性的、文化性的、艺术性的符号，均不在话下。但是，假如村民不在场，社群活力不再，传统村落如何是活态的呢？西方哲学有一个时髦术语，叫作“主体缺失”，因为主体缺失，因而话语狂欢。

关注传统村落的村民，无疑是中国传统村落保护的第一要素。但恰好是人这第一要素构成了传统村落的凋敝和乡愁的产生。

1990年至2010年这二十年，随着一些区域传统村落里村民流动性的增强，特别是青壮年村民向东部、东南部和南部沿海地区季节性的流动，极大地影响了这些区域传统村落民间日常生活的展开，减弱了传统村落的社群活力，也相应削弱了传统文化活动的开展。这样，构成传统村落民间日常生活的内容慢慢演变成淡黄色、苍白色，成为一种模糊记忆，抑或转化为一年一度的春节狂欢，最后，演变定格成为日常性质的乡愁。民间日常生活不再完整地体现在现在乡村生活之中。那个完整的民间日常生活，在我们不得不离开它的土壤之后，便蜕变为乡愁。乡愁这只蝴蝶的卵，就是民间日常生活。而伴随着乡愁这只蝴蝶而出现的，却是一个个村落日常生活不断凋敝、慢慢消失。乡愁成为我们必须抓住的蝴蝶，否则，我们的家乡便消失在块垒和空气之中，我们千百年创造的文化便无所依凭。然而，据统计，在进入21世纪（2000年）时，我国自然村总数为363万个，到了2010年，仅仅过去十年，总数锐减为271万个。十年内减少约90万个自然村。若是按照这个速度发展下去，三年、五年之后，我们的传统村落便所剩无几了。也就是说，出生和成长在这些村落而现在散居在世界各地的人们，将无以寄托他们的乡愁。若是其中有的村落有几百年、上千年甚至更久远的历史呢？若是其中有的村落有着华夏一个独特姓氏、家族、信仰和其他各种人文景观等呢？

越来越多的学者开始从事传统乡村保护的研究工作，例如《人民日报》2016年10月27日发表了《老宅、流转、新生》为题的介绍黄山市探索古民居保护新机制的文章，还配发了题为《古民居保护，避免"书生意气"》的评论；《中国文化报》2016年10月29日发表了题为《同乡村主人一起读懂文化传承》的文章，提出了"新乡村主义"的概念，在它的题目之下，包含有乡村治理、乡村重建和乡村产业化的多功能孵化等内容。为此，文章提出了"政府在制定政策方面、标准化编列预算、聘请专家团队和NGO组织，进行顶层设计、人才培养、产业孵化和公共服务"四项基本措施，还配发了《莫让古民居保护负重前行》的文章。《光明日报》2016年11月15日发表了题为《福建土堡：怎样在发展中留住乡愁》的报道，记叙了专家考察朱熹故乡福建三明尤溪土堡的过程；记者报道了残存的土堡现状，记录下专家们的意见：政府与社会资本合作的"PPP模式"，面对乡村人口日趋减少的不可逆现实，应该吸引城市中的人回到乡村，将土堡打造为"民宿"，在不破坏现有形制的前提下，实现功能更新。也有专家提出，就保护而言，首先应该考虑当地人，人的利益是优先的，只有做到长期发展而不是只顾短期利益，文化遗产保护事业才能够持续发展，等等。

上述建议，已经超越了简单的乡愁情怀，而诉诸国家土地法规、资金筹措模式、专家功能实现等层次。应该说，在越来越深入研究、讨论的基础上，对传统村落保护的思路越来越宽了，为政府制定传统村落保护法提供了良好的基础。在国家立法的基础上，国家、地方政府组织专家开展普查，确认传统村落的级别，分别实施不同层次的激活、保护、开发，才有坚实的基础。

我理解，通过专家学者的普查、认定，得出的结论一定会有利于政府形成健全完备的保护方案和具体操作措施。一方面，对仍然有社群活力的乡村，实施新农村建设规划，改善其经济机制，改建生活设施，改善村民的生活条件，把工作重点聚焦到提高农业产业框架基础、为居民提供更好的生活环境、增强村庄文化意识、保存农村聚落特征上来。另一方面，为有着特殊文化传承却逐渐凋敝，甚至失去社群活力的乡村，探索一套完善保护的工作模式，形成一种工作机制，并得到国家法规政策的支持和保障，包括土地规划、投资体制、严格的环境保护，建立严格的农民参与机制等，为保留故乡记忆、记住我们的乡愁，留下一系列艺术博物馆、乡村技艺宾馆，产生具有独特价值的“乡愁符号”。

作为“中国民间文化遗产抢救工程”的重要项目之一，《中国历史文化名城·名镇·名村丛书》正是通过众多专家学者和民间文艺工作者辛勤的田野调查工作，在中国民协推动的“中国传统村落立档调查工程”所积聚的海量信息基础上，多学科、多视角地反映当下古城古镇和传统村落现状，发掘传统文化的独有魅力，进而为保护和传承优秀传统文化积累鲜活的素材，汇拢丰富的经验并寻觅科学的路径。相信这套丛书的出版将对古城古镇和传统村落的保护发挥积极作用。

2017 年 3 月

（作者系中国民间文艺家协会分党组书记、驻会副主席）

芬芳“乡愁”彰中华（序二）

郑一民

站在 21 世纪桥头，审视中华五千年文明，由历代劳动人民创造并守护的数以万计的历史文化名村、名镇、名城，堪称中华民族可以在世界上引以为豪的珍贵国家财富。在经济全球化、现代化高速发展，城市化进程汹涌而来的今天，保护历史文化名村、名镇、名城，不仅是时代赋予当代国人的神圣历史使命与责任，也是中华民族屹立于世界之林、实现伟大复兴的必然选择。

一个古老的村镇和城市，犹如一位饱经沧桑、阅世甚深的老人，既有深厚的文化积淀，又承载着世代子孙魂牵梦萦的“乡愁”。在古村、古镇、古城之前冠以“名”字，其历史文化价值更是非同凡响。她所承载的物质与非物质文化遗产，既是传递民族血脉和熏陶锤炼民族美德、优秀品格的重要精神食粮，也是构建社会主义核心价值观和具有中国特色美好家园的重要基石。在我国现代化建设快速发展中，科学记录和保护历史文化名村、名镇、名城的人文历史、自然风貌和各种原生态信息，是一件功在当代、利在千秋的伟大事业，对研究、传承、弘扬、创新中国传统文化和实现中华民族伟大复兴，具有深远的历史意义和重要的现实意义。

探究中华文明之河，始于涓涓，终于浩浩。历史文化名村、名镇、名城就是其中的“涓涓”，数以万计的涓涓才汇就中华文明的浩浩大河。作为“涓涓”，每一个名村、名镇、名城虽有体量大小之别，但都是一个自然的社会单元。她们是历代先人适应自然、利用自然、实现“天人合一”的见证，也是创造文明、积淀文明、传承文明的家园。其保存的年轮印痕、光阴故事、人生观、审美观、习俗信仰和生产、生活、居住方式等，犹如一部部五彩缤纷的百科全书，承载着民族的历史记忆和文化基因，闪烁着民族的智慧与品格，慰藉着我们的心田与灵魂，涵养着泱泱中华。从这个意义上讲，历史文化名村、名镇、名城是中华民族物质与非物质文化最大最重要的载体，保护名村、名镇、名城就是保护中华优秀传统文化。

著名文化学者罗杨在论述古村镇保护时说：“人类文明的进化不能没有积累和继承，历史的车轮可以碾过如梭的岁月，但不应拆毁我们心灵回归故里之路。”遗憾的是，在经济社会快速发展中，对古村镇和古城的保护还没有引起世人的应有关注和重视，致使不少古村镇和城市古街区在既无完整文字记载又缺乏图片记录的情况下，便在时代洪流中消失了。针对这种现状，中国文联、中国民协在全国实施了中国传统村落立档调查工程。在此基础上，我们在中国民协和河北省委宣传部大力支持下，2016 年 10 月在全国率先启动了《中国历史文化名城·名镇·名村丛书》河北卷的编纂出版工作。

《中国历史文化名城·名镇·名村丛书》是由中国民协承担并在全国组织实施的中国民间文化遗产抢救工程重点项目之一，也是继中国民间文学三套集成之后在全国开展的又一项具有重要影响的浩大基础文化建设项目。河北列入这项文化工程的历史文化名村有 190 个、名镇 18 个、名城 12 个。根据编纂方案要求，我们将对每个历史文化名村、名镇、名城单独立卷，力求以质朴、简明的文字，图文并茂的形式，从历史学、社会学、民俗学、建筑学、文化学等视角，客观、准确、简洁、鲜活记述名村、名镇、名城的历史与现状，阐释每个名村、名镇、名城独有的文化内涵与价值，彰显河北历史文化名村、名镇、名城特有的魅力与精彩，惠及当代，传之后世。为了使读者检索、查阅、研究方便，本套丛书在编纂过程中将以“中国历史文化名村河北卷”“中国历史文化名镇河北卷”“中国历史文化名城河北卷”三个系列问世。

家园需要呵护，硕果需要众人浇筑。完成这

项浩大的文化工程，需要数以百计的作者和知识产权出版社编辑们几年的奋斗，无论田野调查拍摄还是梳理编撰，皆充满艰辛与探索。但耕耘者向来是不怕困难的，硕果会因此更香甜，社会发展会因这些成果更精彩，共和国文化建设会因大家的奉献更加炫目！

俗话讲，金无足赤。由于编者知识水平有限，又无前人研究成果可借鉴，书中谬误之处难免，敬请各位方家和读者批评指正。

2016 年 10 月 30 日

（作者系河北省民间文艺家协会主席）

中国历史文化
名城·名镇·名村丛书

中国历史文化名村

河北黄岔 | 目录

第五章 乡土文化

第六章 名优物产

Famous Villages, Famous Towns, Famous Cities of Chinese Historical and Cultural Series

The Chinese Famous Historical and Cultural Village

Huangcha Hebei | Contents

Chapter 3

Red-Fortress Village of Resistance War against Japanese

Chapter 4

Festival Customs

Chapter 5

Local Culture

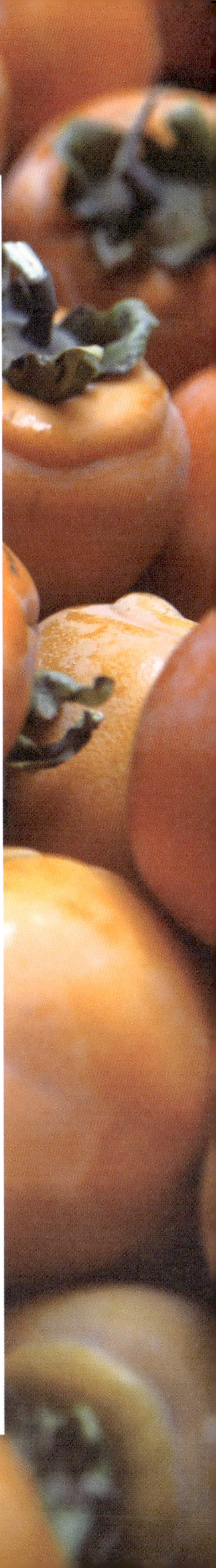

引 言

黄岔村位于太行山脉中南段凌霄山北坡，属河北省邢台市内丘县獐獏乡管辖，东距内丘县城40公里，东北距獐獏乡政府驻地6公里。泜河源头分五支自南向北从村中穿过，村庄依河而建。据传，东汉末年，因张角领导的黄巾军在此设哨卡守护凌霄山寨，取名“黄卡”，后演变为“黄岔”，至今已有1800多年历史。

黄岔村由东寨沟、西寨沟、长垴、前头、岩南沟5个自然庄组成，2016年调查时，共有75户，246口人，主要姓氏有刘、李、张、韩等。村东、南、西三面环山，北为沟口，村南最高山峰为中岩山，海拔1089米。历史上这里是原始森林，因长期砍伐，变为次生林。现该村以农业、林果业、旅游业为主。耕地180亩，山

↓ 黄岔村之春

场8000亩，林场4000亩，果树90000株，主要为柿、枣、梨、板栗、核桃、苹果等。

黄岔村位于北纬37° 18′ ~37° 20′ 、东经114° 11′ ~114° 13′ ，属于北温带大陆性季风气候。这里四季分明，春季，山花怒放，争奇斗艳，油菜花漫山遍野；夏季，水流潺潺，瀑溪棋布，油葵笑迎四方客；秋季，层林尽染，漫山红遍；冬季，雾凇冰挂，美成童话；空气幽静清新，堪称天然氧吧，令人心旷神怡。

黄岔村村貌古朴依旧，民居依山就势，沿沟而建，建筑面积1.2平方公里，聚落呈“人”字形分布，彰显了古人“天人合一”的思想理念。建于凌霄山顶上的老神庙，始于汉代，经历代修缮扩建，多个庙宇依着山势向下绵延数公里，高、低层次分明，是我国最早祭祀黄巾军领袖张角的庙群。静卧山北的黄巾军关卡汉阙，隐藏山南的黄巾军遗寨是村落的标志性建筑。村中石建老宅保存

↓ 黄岔村之夏

↑ 黄岔村之秋

完好，当年为黄巾军备粮草用过的石臼、石磨、石碾、石槽仍放置在街头巷尾，传统的节日、庙会、婚丧、食品、文艺等各具特色，红色文化声名远扬。

黄岔村是一个自然风光秀丽，奇山、险峰、丽水、秀木环绕的古村落。张角借凌霄山奇险山势，为反对繁重兵役、徭役，创立太平道，建立黄巾军中央寨，举义旗反汉，被称为历史上一次有组织、有准备的全国性农民起义，流传下来许多民间故事。

黄岔村历史文化厚重，集古山寨、古迹、古风、古韵于一体。

↓ 黄岔村之冬

这里是历史名河泜水发源地，黄巾军领袖张角所创太平道传承地，唐代诗人于鹄隐逸修行地，抗日战争时期内丘县抗日县政府所在地；这里地理位置得天独厚，山路深邃，曲径通幽，是旅游摄影之地，有“天人仙境”“十里画廊”之誉。2016年8月，黄岔村被河北省委宣传部、省文联评为河北省十大最美古村镇。2017年3月，河北省人民政府公布黄岔村列入第四批河北省历史文化名村。2019年6月，住房和城乡建设部、文化和旅游部、国家文物局、财政部、自然资源部、农业农村部公布黄岔村列入第五批中国传统村落名录。2019年12月，河北省文化和旅游厅公布黄岔村为河北省乡村旅游重点村。2020年10月，农业农村部公布黄岔村为2020年度中国美丽休闲乡村。黄岔村已成为人们旅游、休闲、度假的好去处。

中国民间文化遗产抢救工程
THE PROJECT TO CHINESE FOLK CULTURAL HERITAGES

黄岔村历史悠久，文化底蕴深厚。这个有着一千八百多年历史的古村落，一山一水、一石一洞、一草一木、一风一俗、一寺一庙、一村一寨都留有汉代黄巾军的印迹，是研究黄巾军文化的重要基地。

↓ *藏在深山的黄岔古村落*

第一章

藏在深山的汉代古寨

历史沿革

黄岔村建于何代，目前没有发现地方史料与文献相关记载。这里山陡似绝壁、峰峭如悬崖，树茂林密，易守难攻。相传，原村庄位于凌霄山主峰北侧山崖石洞下，只有一户人家，这家人由巨鹿（今河北省邢台市巨鹿县）逃婚而来，后逐渐发展形成几户的小山庄，人们以开荒种地、采集山果和打猎为生。

相传，东汉末年，张角在凌霄山创立太平道，建立中央寨，反对官府腐败，发动黄巾起义，将小山庄设为黄巾军中央寨最后一道关卡，取名“黄卡”，后演变为“黄岔”。张角，东汉时期巨鹿人，传教十余年，信众达数十万，在青、徐、幽、冀、荆、扬、兖、豫八州设三十六方。184年，张角带领信众发动中国历史上有名的农民起

↓ 黄岔古村

义——黄巾起义。他们烧毁官府，杀死贪官，惩治污吏。一个月内，全国七州二十八郡都发生战事，黄巾军势如破竹，州郡失守，吏士逃亡，震动京都。汉灵帝先后派卢植、皇甫嵩、朱儁、刘备、关羽、张飞、曹操、董卓等率兵多次镇压，后张角病逝，其弟张宝、张梁战死在凌霄山，黄巾军失去统一指挥，于188年被镇压。黄巾起义为东汉末年诸侯割据揭开了序幕。人们为了纪念张角领导的黄巾起义，在凌霄山为其修祠、盖庙、建寺祭祀，将周围青山绿水和村寨赋予动人的民间故事，从而使这里成为历代祭祀张角的重要场所。

据明崇祯十五年（1642）、清康熙七年（1668）《内丘县志》记载："《禹贡》环河为冀，商祖乙自耿迁邢，周以封公旦第四子为邢侯。后诸侯兼并，卫灭邢，晋文公伐卫，取邢，遂属晋。及韩、魏、赵灭智伯，分晋地，乃属赵。赵襄子徙邢，是为邢襄。秦吞六国，郡县天下，置信都县属巨鹿郡。汉初为中丘县，魏属广平郡。晋升为中丘郡，石虎改为赵安县。后魏省入柏仁县，柏仁即今唐山也，寻复为中丘县。隋文帝避父讳，改为内丘县，属赵州。炀帝二年改邢州为襄国，寻复为邢州。唐高祖武德元年改邢州为巨鹿郡，属河北道。五代汉隐帝乾祐三年，契丹屠内丘。宋升邢州为信德府。金改邢州为安国军。元至元二年改为顺德路。明太祖洪武元年改为顺德府，属北平布政司，永乐改直隶京师。内丘属也。"又记载，内丘县设长春、左相、太师三乡，黄岔村一带属左相乡辖。清雍正三年（1725），因尊孔避讳孔丘之名，雍正帝诏令"丘"加"邑"（后简化为右耳旁"阝"）为"邱"。雍正四年（1726），改"内丘县"为"内邱县"，黄岔村一带隶属其辖。清光绪三十二年（1906）《内邱县乡土志》记载：内邱县分西关、金提店、官庄、史村、诣仁、吴村、柳林、獐獏八个区，黄岔村属獐獏区。《河北省内邱县组织史资料（1931—1987）》记载：抗日战争时期，从1937年11月中旬开始，冀西民训处在内邱县西部山区先后建立了白塔、獐獏、孙家坡3个抗日区政府，黄岔村属獐獏区政府。1938年4月至1945年8月，行政区划曾多次调整，黄岔村先后属獐獏办事处、三区、二区。解放战争时期，内邱县设白鹿角、獐獏、神头、冯唐、城关5个区政府时，黄岔村属第二区（獐獏区）辖；设城关、冯唐、柳林、白塔4个区政府时，黄岔村属第四区（白塔区）辖；设城关、冯唐、柳林、白塔、北光、官庄6个区政府时，黄岔村仍属第四区（白塔区）辖。1949年8月1日，华北人民政府发布通令《为重新调整行政区划由》，河北省人民政府正式成立，“内邱”改为“内丘”（为行文方便，本书除直接引用外，其他地方一律采用“内丘”）。中华人民共和国成立后，黄岔村仍属第四区（白塔区）辖。1953年6月，内丘县设53个乡，黄岔村属岩南乡辖。1956年6月，内丘县设26个乡，黄岔村属獐獏乡辖。1958年8月，实行人民公社化，内丘县设卫星、东风、红旗、灯塔4个人民公社，黄岔村隶属灯塔人民公社辖；11月，内丘、隆尧、柏乡、临城4县合并为内丘县，设16个人民公社管理委员会，黄岔村属侯家庄人民公社管理委员会。1961年5月，4县重组，内丘、临城合并为内丘县，设29个人民公社，黄岔村属獐獏人民公社。1962年3月，内丘、临城又分别治县，内丘县设15个人民公社，黄岔村仍属獐獏人民公社。1984年春，人民公社改称乡镇人民政府，黄岔村属獐獏乡人民政府。1996年内丘县进行“扩镇并乡”，设9个乡镇人民政府，黄岔村即属獐獏乡人民政府至今。

村落布局

黄岔村背山依河而建，聚落呈“人”字形分布，彰显古人“天人合一”思想理念。因山多地少，为便于晾晒果蔬，民居多为单层平檐式屋顶建筑，也有少量的楼阁式建筑；院落分二进院、四合院、多户合一院；建筑多以当地灰色石料垒砌，错落有致，石板铺街巷，独具风韵。走进村中绿树掩映的民居，有的建于山石之上，山石即为屋地；有的靠山而建，山体即为墙；有的看似二层楼阁式建筑，实为随山势而建的上、下单户院落；有的为方便出入，建成拐弯抹角式房屋。

黄岔村由5个自然庄组成。2016年调查时有75户，包括东寨沟15户，西寨沟26户（东台9户、西台10户、里头7户），长垴10户，前头9户，岩南沟15户。其中，岩南沟新村是为保护黄岔古村落原貌，自2008年开始规划，陆续迁建而成。

人字街

人字街，位于东寨沟与西寨沟之间，人字“头”为老神庙群和长垴庄，人字“撇”西为西寨沟庄西台，人字“捺”东为东寨沟庄，“撇”“捺”之间为西寨沟庄东台。民间按风水学说称人字街地脉为“二龙戏珠”吉祥之地，西寨沟

↑ 人字街

↑ 俯瞰人字街

↑ 石砌台阶巷

庄东台东侧山岭为一龙，西寨沟庄西台西侧山岭为一龙，老神庙群、长垴庄所在地为龙珠。龙珠上的庙宇就是人们祈求人寿年丰、平安吉祥、消病祛灾、人丁兴旺之处；人住在龙头及其周围，则预示能飞黄腾达，出人头地。黄岔古村落的人字街围绕着龙头和龙珠，形成了“天人合一”的布局。

石砌台阶巷

石砌台阶巷，位于西寨沟庄西台，东起西寨沟河西寨沟桥西岸，西至村外，长30米，宽1.80米，自东而西地势逐级抬高，全部由当地灰石砌铺，是村民进山耕作的主要通道。巷东口南侧民居为抗战时期交通员张荣妮的故居，此处世代设老神庙庙会茶棚，接待隆尧、临城、巨鹿、广宗、南和等地香客，极大地方便了外地人员来凌霄山谒拜张角。巷西口北侧为村民刘春生家楼阁式民居，抗战时期曾为抗大干部疗养院。

凿在山坡上的台阶巷

凿在山坡上的台阶巷，位于东寨沟庄，南起东寨沟河东寨沟桥北岸，北至村外，长200米，宽1.23~1.33 米，自南向北依山就势由人工凿成台阶，边缘凿有排水槽，巷内又叉分前后两个李家胡同，前李家胡同口安置两盘石碾，设计巧妙，巷道幽深，蜿蜒曲折，是村民进山耕作的主要通道。巷南口西侧一处民居为抗日时期二区区委书记张玉林及交通员张黑妮、张玉文的故居，也是内丘县南保家民团总部驻地旧址；另一处民居为交通员李清现的故居；前李家胡同口民居为八路军太行第一军分区交通站驻地旧址；巷中东侧楼阁式民居为交通站站长张志达住处和抗日小学旧址。

↓ 依山就势开凿的台阶巷

一石挂三屋

一石挂三屋，位于东寨沟庄东寨沟桥北，从山根向西突兀一黑色巨石，绕石建造了三座房屋。石西侧突兀在房屋之外，北侧为张姓人家南屋东山墙，南侧为李姓人家北屋西山墙，石上为另一李姓人家宅院和南屋地基，两个李姓人家将房屋建成一体，外看似二层楼房。这种依托山石建造的三户房屋格局，既规避了山地建房空间狭小的劣势，又彰显了村民和睦相处，你中有我，我中有你，亲如一家的淳朴民风。

↓ 一石挂三屋

拐弯抹角民居

拐弯抹角民居，位于西寨沟庄里头，拐弯抹角胡同拐弯处。有一房西南角墙体向内抹去一“角”，使原本见棱见角呈九十度的墙角抹出来一个弧度，民间称其为“拐弯抹角”。这种建筑格局方便了来往的行人，即便扛着长杆也能拐弯，更便于车马通行。“拐弯抹角”一词，竟然在黄岔村民居建筑中还能找到，充分体现了古村落先人博大的胸襟和谦逊礼让的生活态度，它的存在也凸显了黄岔古村落建筑文化的深厚底蕴。

↓ 拐弯抹角民居

↑ 东寨沟桥

↑ 清同治六年（1867）修道碑

桥

桥是黄岔村自然庄之间通行的必经之路。有南北跨东寨沟河连接东寨沟庄和西寨沟庄东台的东寨沟桥，有东西跨西寨沟河连接西寨沟庄东台和西台的西寨沟桥。这两座桥原是木吊桥，中华人民共和国成立后，修成了石桥。而最有名的是建于山上的汉代吊桥，据说是张角为向凌霄山中央寨运送军用物资而建，至今此处地名仍叫“吊桥沟”。

古道

古道，位于黄岔村西的岩南沟，是北连临城县、南接邢台县的山区重要交通道路。道旁有清同治六年（1867）修道碑，上面记载了善人李贵明、刘达等组织捐钱修路，沿途的西秋、东秋、南獐獏、后庄、后洞、仨栗峪、赵洛沟、东湾、雀寨、东山底、店上、贯峪等内丘、邢台、临城三县各村及众多商号店铺共同捐资修路的情况。

地名传说

黄岔村地形地貌奇特，大自然的鬼斧神工，使这里留下了许多奇山怪石、深沟幽谷；先人们的活动踪迹，使这里留下了许多古树名木、生活印记。

↑ 窑

立石窑

立石窑，位于黄岔村西南600米处，其阳坡突出一石头，称立石；其阴坡有一石缝，称窑。立石窑酷似男女生殖器，阴阳相对。传说，在每年“一夜连双岁，五更分两年”时刻，立石顶上能出一块银子。村内求生育的妇女，多到此处膜拜，体现了人们最原始的生殖崇拜。

↑ 立石

檀树坑·皂角树坑·窑坑

檀树坑，位于黄岔村南1公里处，因原有一棵三搂粗的檀树而得名。檀树后毁于雷击。因檀树种在当地稀缺，该树在黄岔村乃至内丘县也

↑ 檀树坑

是唯一一棵野生檀树，虽毁，人们仍用地名记着它。

皂角树坑，位于凌霄山南坡。此处原有一棵四搂粗的皂角树，毁于20世纪50年代。传说，黄巾军曾用皂角树上的皂角洗衣服。现八角井南侧的一个大坑内，仍生长着三棵小皂角树。

窑坑，位于黄岔村东南1公里碾盘沟内、茶臼窑南200米处，因汉代黄巾军建中央寨时曾在此烧砖瓦而得名。

碾盘沟·戏楼沟·乜旮旯沟·劈石沟

碾盘沟，位于黄岔村东南1公里险要处，东邻戏楼沟。现存石碾、石臼、石炕、石灶等。在碾盘沟东与其隔100米处，还存有一常年取水的石臼窑。传说，巨鹿有一男一女相爱，女方爹娘嫌弃男方家穷，不许女儿嫁给那个男子。二人逃婚来到这里，开荒种地、生儿育女，这是黄岔村最早生活居住的人家。东汉末年张角在凌霄山创立太平道时，这里只有几户人家，后张角在此行医传教、招徒建寨、屯兵垦荒、设哨修卡，逐渐形成了村庄。

↑ 石臼窑

戏楼沟，位于黄岔村东南1公里处。传说，张角占据凌霄山称王时，请山下戏班来唱戏，因下雨路滑，戏班人员上不去山，在此搭台唱戏而得名。

乜旮旯沟，位于黄岔村南300米处，是一个南北长达1000米，宽10~50米的峡谷，当地人称乜旮旯沟。传说，黄巾军在此山藏有金银宝贝，被风水先生看破，并掐指算出开山钥匙为双蒂南瓜。因取宝心切，不等南瓜成熟，就拿来开山，结果瓜碎山合，风水先生也被合到山内，皆化成山石，只有瓜汁从山石缝中向外流淌，形成峡谷。至今，瓜汁化成小溪，四季常流，但那座宝山再也没有人能打开。

劈石沟，位于黄岔村北500米，东西长1000米。传说，凌霄山南寺老和尚修炼时，发现一股黑色妖气直奔黄岔村。老和尚用禅杖砍向妖气，妖气被禅杖一分为二，化成两块怪石，成为黄岔村南北两块相对的护村石，禅杖落地将山劈了一道

↑ 戏楼沟

↑ 乜旮旯沟

↑ 劈石沟

沟，称劈石沟。

麻豆庄

麻豆庄，位于黄岔村南2公里处麻道山上，东距凌霄山主峰2公里。传说，张角在凌霄山建中央寨后，南山老仙赠其医、兵、法三卷天书修道，第一卷讲的是医道秘方，第二卷讲的是排兵布阵，第三卷讲的是撒豆成兵。张角率领黄巾起义后遭汉军多次镇压，中央寨兵力锐减。刘备、关羽、张飞带万人围攻中央寨时，张角割山上大麻取麻豆并念咒撒豆成兵，大败刘、关、张，麻地的麻随割随长，多次阻击汉军，此地也因此得名麻豆庄。

岩南沟四亩地

岩南沟四亩地，位于黄岔村岩南沟庄西。传说有一户刘姓在此开荒立庄，经六辈人拓修成四亩地，成为黄岔村的一部分，故称为岩南沟四亩地。后刘姓迁到村内聚居，原址已成为耕地。

白草凹

白草凹，位于黄岔村北300米的山凹。传说，山前的鲍家庄（今邢台县鲍家庄）李姓三兄弟分家，老三分出迁来修地立庄，成为黄岔村的一部分，因此地原生长白草，故取名白草凹。

西半个

西半个，即现在的黄岔村西寨沟庄里头。传说，山前“狗子村”（今邢台县东石善村）刘姓兄弟四人来此修地，后其中兄弟二人在此立庄，成为黄岔村的一部分，因此地靠村西边，故称为西半个。

↑ 白草凹

↑ 西半个

庙宇楼阁

黄岔村历史悠久，文化灿烂，人杰地灵。村内庙宇众多，大大小小布满村内村外，并且形成了独特的民间信仰，成为祖先留给古村落子孙后代的宝贵精神财富。

老神庙

老神庙，位于凌霄山主峰中岩山顶部，始建年代不详，后历代多次重修。清代重修的庙宇毁于1966年的隆尧大地震。现存建筑为2015年重修，坐北面南，面阔、进深各1间，系黄琉璃瓦歇山顶，砖木结构，仿明代建筑风格，匾额“朝阳宝殿”，内泥塑老神彩绘金身像。

↓ 2017 年凌霄山老神庙传统庙会

传说，张角在凌霄山创立太平道时，在顶峰中岩山上修建老神庙供拜。张角死后，民间封其为“老神”，在凌霄山顶修庙祭祀。庙门上联为“风从两边过”，下联为“不许冲庙门”，横批“有求必应”。民间传说，无论风刮得多大，都是躲着庙门从庙两边刮过。

↑ 凌霄山顶老神庙

每年农历三月十五、十月十五为凌霄山老神庙传统庙会。届时，四方香客云集，涉及内丘、临城、隆尧、任县、南和、邢台、永年、巨鹿、枣强等地，香火旺盛，会期达半月之久。庙会活动以拜庙上香为主，历史上曾有抬杠箱、跳傩舞驱鬼等传统文艺表演活动。至今，内丘县境内黄岔、北障镇、北阳、大辛旺四村仍设老神庙下庙，每年农历三月初九、三月初十、十月初十，举行接老神、送老神活动。

↑ 老神庙内塑像

至今，在黄岔村白天能看到山上的老神庙，晚上能看到老神庙的灯光。

老神奶奶庙

↑ 老神奶奶庙

老神奶奶庙，位于凌霄山主峰中岩山顶部，始建年代不详，后历代多次重修。

↑ 老神奶奶庙内塑像

↑ 悟空庙内塑像

现存建筑为2015年重修，坐北面南，面阔、进深各1间，系黄琉璃瓦歇山顶，石木结构，仿明代建筑风格，匾额“锦绣金宫”，内泥塑老神奶奶彩绘金身像。人们为了满足夫妻和睦的心理需求，给老神配上老婆，在老神庙旁修建老神奶奶庙，加以供奉。

悟空庙

悟空庙，位于凌霄山主峰中岩山西侧黑乜根山峰上，始建年代不详。现存建筑为2000年民间集资修建的简易小庙1间，坐西面东，内塑悟空泥像。民间附会认为，悟空是老神身边跑腿神童，人们加以供奉。

一佛殿

一佛殿，又称中天佛殿，原为天公将军祠，位于凌霄山老神庙南陡坡下1公里的平台上，始建

↓ 黑乜根山峰上的悟空庙

年代不详。现存建筑为2011年重修，坐北面南，面阔3间，进深1间，前带廊，系黄瓦悬山顶，石木结构，仿明代建筑风格，悬挂“镇天云城中天佛”匾额，内塑中天佛祖像。民间传说此处平台为汉代黄巾军领袖张角点将台，又称第一点将台。又传说中天佛祖为天公将军张角化身，也有说是灵空教教主刘才运化身，称为老祖。

↑ 一佛殿

↑ 一佛殿内塑像

2011年《重修三佛殿碑记》记载，邯郸、永年、沙河、鸡泽、南河各县灵空教弟子及广大善信捐资重修了一佛殿、二佛殿、三佛殿，仍保留明代建筑风格。“三佛殿统称一佛殿、二佛殿、三佛殿，上至下供奉中天佛祖、进天佛祖、安天佛祖。经书说：中天正元金宫、进天左元金宫、安天右元金宫，合称上上三乘。三佛祖中唯中天佛祖降世临凡，进天、安天常驻佛国，伴随佛祖，均为圣中供奉佛祖。中天未来佛祖，曾十劫临凡，从头劫尧王降世、二劫梵王太子、三劫姜太公斩将封神至十劫大明万历乙亥年（1575）辛巳月廿七日降生于澧水郝庄凡家，入中岩山修炼。曾在滴水檐、朝阳洞苦修廿七载，悟道成真，四十二岁开法展道，建顺天法灵空圣教，留下经书万卷，度化弟子万千返本归宗。

首开白阳大法，曾为长先教主，六十有九，坐化归空，佛骨葬于四岭山凹，凤凰宝地。”

↑ 二佛殿

二佛殿

二佛殿，又称进天佛殿，原为地公将军祠，位于一佛殿南坡下300米的平台上，始建年代不详。2011年重修，坐北面南，面阔3间，进深1间，前带廊，系黄瓦悬山顶，石木结构，仿明代建筑风格，悬挂“安天云城进天佛”匾额，内塑进天佛祖像。民间传说此处平台为汉代黄巾军二将军张宝点将台，又称第二点将台。又传说进天佛祖为地公将军张宝化身。

↑ 二佛殿内塑像

三佛殿·送子奶奶殿

↑ 三佛殿与送子奶奶殿

三佛殿、送子奶奶殿，位于二佛殿南坡下600米的平台上，始建年代不详。2011年重修，坐北面南，面阔4间，进深1间，前带廊，系黄瓦悬山顶，石木结构，仿明代建筑风格。东部3间为三佛殿，三佛殿又称安天佛殿，原为人公将军祠，悬挂“归天云城安天佛”匾额，内塑安天佛祖像。民间传说此处平台为汉代黄巾军三将军张梁点将台，又称第三点将台。又传说安天佛祖为人公将军张梁化身。西部1间为送子奶奶殿，内塑送子奶奶像。人们为了满足人丁兴旺的心理需求，民间附会求生育之神送子奶奶，加以供奉。

↑ 三佛殿内塑像

↑ 送子奶奶殿内挂像

大悲庙

大悲庙，位于三佛殿坡下200米的山凹，始建年代不详，雕刻精美的6根宋代原庙石柱尚存，其中有“清平年千佛位普坐中岩”“治乖国番王世雪山显化”“圣凡无异致演就几番艰难困苦而大士之道行方成”字款石柱。原庙门匾为白玉石，高0.50米，横长0.80米，厚0.30米，镂空雕刻栩栩如生的精美八仙图案，于

↑ 中华民国六年（1917）《重修中岩山庙记》碑

20世纪80年代遗失。内丘县师范毕业生崔维撰文，邑庠生郝庆祥、文童郝庆德书丹的中华民国六年（1917）《重修中岩山庙记》碑记载：“内邑虎头山村有牛善士讳玉和者，意感于此，不忍陨废，咨议于众询谋会同募化四方，富户男女争出助捐，寒门子弟踊跃役力……工始于丙辰（1916）季春之暮，告竣于丁巳（1917）季春之中……睡佛殿、大悲庙、关帝祠、广生殿、眼光庙、尧王庙、药王观、祖士堂……”1999年重修，坐北面南，面阔3间，进深1间，前及两侧带亮廊，系黄琉璃瓦歇山顶，石木结构，仿明代建筑

↓ 大悲庙

风格，悬挂“二母三阳宫” 匾额，内塑女娲娘娘、皇姑、老母泥像。

↑ 大悲庙石柱构件

据1993年《邢台县志》记载，传说，汉代黄巾军领袖张角在凌霄山选址建中央寨，在上山路上遇到一位一边赶羊一边哭泣的山姑，张角问明情况得知，山姑是山西洪洞人，村里恶霸抢占了穷人的田地，还要宰杀她家的山羊，老爹阻拦被打死，她赶着山羊连夜逃到了这里。张角听后告诉山姑，他要举义旗救天下穷人，在这里建寨正愁砖瓦无法运上山，山姑说她可让山羊驮运，张角不信。第二天，忽听山下有羊叫声，看到满山遍野的山羊个个驮着砖瓦，像长着翅膀向山上奔来，不到三天中岩山顶整整齐齐垛满了十万块砖瓦。张角正要答谢，山姑却带着山羊从山崖飞到了山涧，原来是上天派皇姑来帮助张角的。从此，张角在凌霄山盖起了中央寨，举义旗救民众，人们在中岩山为皇姑盖庙塑像并祭祀。

玉皇殿

玉皇殿，位于大悲庙东北100米，始建年代不详，雕刻精美的4件明代原庙二龙戏珠柱础石尚存，4根白玉滚龙石柱于20世纪80年代埋于地下。1999年重修，坐北面南，面阔3间，进深1间，前带廊，系棕瓦悬山顶，石木结构，仿明代建筑风格，内塑玉皇像，东墙边塑真武、千里眼、雷震子、杨二郎、殷洪、王灵官诸神像，西墙边塑玄武、顺风耳、高明、哪吒、殷郊、刘廷诸神像。民间传

↑ 玉皇殿

↑ 玉皇殿二龙戏珠柱础石

说，东汉末年邢台巨鹿人张角在凌霄山创立太平道，并以此为大本营聚义四方英雄豪杰，惩治贪官污吏，沉重打击了腐朽的东汉地主阶级统治。张角为了巩固自己政权，在凌霄山修建铁瓦楼阁，与京城的金銮殿一模一样，建楼所用石柱、石柱础、石供桌、石香炉均雕刻龙云图案，为自己登基做准备。后来张角领导的起义失败，他没能坐上金銮殿，民间给这个建筑起名叫“铁瓦楼”。再后来，铁瓦楼倒塌，人们历代只在此修缮玉皇殿。

睡佛殿

睡佛殿，又称滴水岩睡佛寺，位于凌霄山南坡大悲殿南300米的滴水岩下，石壁向内凹进很大一个空间，依石壁而建。睡佛殿

↓ 2017 年农历三月十五永年县香客在凌霄山老神庙拜庙

↑ 睡佛殿

↑ 睡佛殿内塑像

↑ 永年县拜庙香客

坐北面南，面阔3间，前带廊，系棕瓦悬山顶，石木结构，仿明代建筑风格，始建年代不详。寺内供奉灵空教教主刘才运的睡卧雕像。

据《灵空道佛乐经》记载，1575年高桥村刘才运降生。明万历年间，刘才运在凌霄山苦修36年，无师自通，听梵创乐，创经立说，传经布道，得道成仙，亦道亦佛，集道教神仙和佛教佛祖于一身，成为凌霄山灵空教义、灵空道佛乐的始创祖师，被信众弟子尊称为凌霄山顺天灵空祖佛老祖，俗称凌霄山老祖。山上现存的清康熙三十八年（1699）《重建中岩寨众殿碑文记》载："高谋之神始创，百神之主，敕令重修凌霄山庙宇、诏令全国州县立祀弘扬。"山上现存朝阳洞、滴水岩等凌霄山老祖修行布道遗址。

刘才运在凌霄山创作并流传的"灵空道佛乐"，吸取了东汉末年张角领导黄巾起义时所创的太平道乐，至今仍在南和县和永年县一带民间广为流传。

↑ 凌霄寺遗址

每年农历三月十五、十月十五，灵空教教徒都要到凌霄山拜庙，举行奏乐唱经活动，现流传于民间的报恩经、圆满经、安坛经、消灾经、净宅经、升功造福经等达二百余部。

凌霄寺·南寺塔

↑ 明嘉靖二十八年《敕赐凌霄寺碑》碑首

凌霄寺，因位于内丘县南部，民间又称南寺，东北距凌霄山主峰5公里，建于宋代，损毁年代不详。明成化二十三年（1487）《顺德府志》记载："凌霄寺在县西北八十里，宋元丰年（1078—1085）僧人洪海建。"明万历十一年（1583）《顺德府志》记载，"上凌霄山，县西七十五里，其峰峭拔，插空，故名，上有寺。"清乾隆十五年（1750）《顺德府志》记载："凌霄寺，在城西八十里，宋元丰年建。"凌霄寺遗址南北长约100米，东西宽约200米，现存有明嘉靖二十八年（1549）《敕赐凌霄寺碑》残碑，字迹模糊，断为三段，上有"直隶顺德府"字样。

南寺塔，位于凌霄寺遗址东部，建在一块巨石上，坐北面南，单层空心砖塔；塔体呈方形，外边长2.40米，通高约6米，内空高4米；拱券塔口高1.33米，宽0.80米。始建于宋代，保存完好。1993年《邢台县志》记载："宋代自元丰年开始，曾相继在此建

↑ 南寺塔

灵（凌）霄寺、南寺塔等诸多建筑。”

凌霄寺遗址西侧山崖有人工开凿的石窟两个。寺殿建筑坍塌基础、建筑构件八棱石柱、石柱础尚存，残垣内的墙壁是借助山体开凿而建。遗址东60米处有石砌和尚墓一座，石墓道、石室、石穹顶保存完好。

明崇祯十五年（1642）《内丘县志》记载，宋代徐丁权题诗二首：

宿凌霄寺听琴之一

潺潺石涧路盘回，宝梵深藏曲阜隈。
峭拔峰峦攒碧玉，清凉世界隐仙才。
悟捐尘累寻真宝，却恨浮生乏道胎。
一听牙弦清不寐，高山流水思悠哉。

↓ 南寺塔内景

宿凌霄寺听琴之二

千层石磴与天通，宝构峨峨二佛宫。
晓见黄河青嶂外，暮栖峭壁白云中。
一心险易分高下，万法圆融绝异同。
翠竹黄花何处是，休将蠡管诳禅丛。

据说，明宣德年间（1426—1435）高僧谭顺在此传道，重修了寺院，在殿内塑造了张角和马龙、马虎两员大将的泥像。

三皇姑庙

三皇姑庙，位于黄岔村西南5公里的凌霄山西坡下，东北距凌霄山主峰6公里，原庙位于皇姑岩下，始建不详，遗址尚存4根里核石石质圆柱。现存建筑位于皇姑岩南侧，为2007年复修，坐南面北，面阔3间，进深1间，石木结构瓦房，内塑皇姑像，内壁彩绘虎救皇姑出白雀庵、皇姑捣药救众生、皇姑修炼坐莲花、皇姑修成千手千眼观音图。农历三月初八为皇姑庙皇姑出道庙会。

↑ 三皇姑庙遗址

传说，春秋时期父城国王妙庄王的三女儿妙善，自小立志行善，到南和白雀庵出家为尼，曾到凌霄山修炼，后被封为千手千眼观音菩萨，人们为感念她的恩德，在她曾修炼的山上建庙祭祀，并改山名为皇姑岩。

中国民间文化遗产抢救工程
THE PROJECT TO CHINESE FOLK CULTURAL HERITAGES

凌霄山，黄巾军寨遗址所在，位于黄岔村村南，最高峰海拔 1089 米。这里气候宜人，四季分明，春季，漫山遍野，百花争艳；夏季，瀑溪潺潺，星罗棋布；秋季，柿红栌黄，层林尽染；冬季，雾凇冰挂，松柏如黛。这里汉风古韵，遗迹众多，张角点将，运筹帷幄；这里寺庙林立，文蕴丰富，香客云集，俗有“道教圣地”之称。

↓ 秀美的凌霄山北麓

第二章
神奇秀丽的凌霄山

凌霄山，山势壮丽，气势宏伟；山峰峭拔，直入云霄；山峦叠嶂，蜿蜒起伏。唐代大历、贞元年间诗人于鹄题诗：

早上凌霄第六峰入紫溪礼白鹤观祠

路转第六峰，传是十里程。

放石试浅深，□壁蛇鸟惊。

欲下先襞衣，路底避枯茎。

回途歇嵌窟，整带重冠缨。

及到紫石溪，晻晻已天明。

渐近神仙居，桂花湿溟溟。

阴苔无人踪，时得白鹤翎。

忽然见朱楼，象牌题玉京。

↓ 凌霄山主峰

沈沈五云影，香风散萦萦。
清斋上玉堂，窗户悬水精。
青童撞金屑，杵臼声丁丁。
朣腥遥问谁，稽首称姓名。
若容在溪口，愿乞残雪英。

哭凌霄山光上人

身没碧峰里，门人改葬期。
买山寻主远，垒塔化人迟。
鬼火穿空院，秋萤入素帷。
黄昏溪路上，闻哭竺乾师。

1993年《邢台县志》记载：“灵（凌）霄山，海拔1129.6米，位于寺沟村西北4公里处。该山山势险峻，风景优美，东汉农民起义军领袖张角曾聚义此山。宋代自元丰年开始，曾相继在此建灵（凌）霄寺、南寺塔等诸多建筑，至今山上仍存有点将台、练兵场、八角琉璃井、水牢和张角部将马龙、马虎之坟墓，以及明嘉靖二十八年所立的灵（凌）霄山碑等景点。新中国成立后，辟为国营林场，遍山松柏，郁郁葱葱，古建筑隐约可见，是本县‘四大名山’之一。”“灵（凌）霄山林场，位于县境西北部灵（凌）霄山上，主峰海拔1089米，1954年建立森林经营所，1956年5月，改为国有林场，1984年并属长信林场领导，全场经营面积1650亩。”

凌霄山与黄巾军传说

凌霄山，座座山峰峭拔挺秀，块块山石奇特灵异，个个山洞幽深神奇。这里的一山一石一洞，都烙下了黄巾军的印记，并被赋予了鲜活生动的神话传说。

中岩山 · 马鞍山

中岩山，是凌霄山主峰，也称夹耳山，俗称响马帽、老头帽、老神山、老驴山、老驴脖子、大垴，位于黄岔村南4公里处，上建有老神庙、老神奶奶庙。因山顶建老神庙，故名老神山。清

↓ 中岩山

康熙七年（1668）《内丘县志》记载："夹耳山，在太子岩西，高峻庄严，形如人耳相夹，故名。"传说，张角曾在此设坛传教。

马鞍山，位于黄岔村南7公里处，西北距凌霄山主峰3公里，山形似马鞍，故名。山上存有路迹和錾子凿的壕。传说，黄巾军曾在此设过流动哨所，后历代也曾在此驻兵。

↑ 马鞍山

滴水岩

滴水岩，位于黄岔村东南7公里处，北距凌霄山主峰3公里，因一险峻大石横在山体石壁上，常年有溪流向下滴淌，得名。传说，灵空教教主刘才运曾在此修炼。

↑ 滴水岩

胡姑垴·风门峡

胡姑垴，位于黄岔村东南8公里处，西北距凌霄山主峰4公里，明崇祯十五年（1642）、清康熙七年（1668）《内丘县志》均记载："转而南为冯沟，东南为胡姑垴；由垴而北为太子岩。"2006年《内

↑ 胡姑垴

↑ 骆驼崖

丘县志》记载："胡姑垴，在太子岩西7千米处，南与邢台县交界。山南有石峰，俗称拴驴橛。"传说，张角在凌霄山建中央寨时，曾到此山向胡仙家借过碗筷。

风门峡，俗称风门壕，位于黄岔村西南8公里处，东北距凌霄山主峰6公里，东西向峡谷，因谷深狭窄，两侧山体直立陡峭，谷口常年刮大风，故名。峡谷两侧山体各楔有铁环。传说，黄巾军曾在此攀铁环练兵，后凌霄山（南寺）的僧人曾用木杠穿铁环，攀上峰顶练功。

骆驼崖·皇姑岩·天书石

骆驼崖，位于黄岔村西南5公里处，东北距凌霄山主峰6公里，因山形似骆驼，故名。

皇姑岩，又名黄谷岩，在凌霄山西坡骆驼崖西侧一独石下，为自然形成的遮岩，面阔10米，纵深8米，高2.40米。清乾隆十五年（1750）《顺德府志》记载："凌霄山，在城西北八十里，径路崎岖，山上宽平，西坡下为黄谷（皇姑）岩。"

天书石，位于黄岔村西南2公里处，南距凌霄山主峰2公里，为高20米、宽15米、厚5米的巨石，因外形酷似书本而得名。

↑ 皇姑岩

吊桥沟山 · 瓦窑沟山

吊桥沟山，位于黄岔村南2公里，东距凌霄山主峰2公里。相传，东汉末年黄巾起义在两山之间设吊桥，故名。

瓦窑沟山，位于黄岔村南2公里，东距凌霄山主峰1公里，上有砖瓦。传说，张角建中央寨时，在此烧砖瓦，因地势险要，骡马难以上山，只有赶羊群从山下瓦窑驮

↓ 天书石

瓦，每只羊一次只能驮两片。在中央寨内所建铁瓦楼的铁瓦，就是在这里烧制的。

断天山

断天山，俗称断岭创山，位于黄岔村南偏西1.5公里，东距凌霄山主峰2.5公里，山顶名兵房顶，传说为黄巾军中央寨的岗房。

明崇祯十五年（1642）《内丘县志》记载，唐代大历、贞元年间诗人于鹄题诗：

过凌霄断天谒张先生祠

落落万峰里，一峰独凌天。
下看如尖高，上有十里天。
至人爱幽深，一住五十年。
悬犊到其上，弃牛耕药田。
衣食不下求，乃是云中仙。

↓断天山

山僧独知处，相引冲碧烟。
断崖昼昏黑，槎泉横双椽。
面壁攀石稜，养力方敢前。
累歇月出没，始到茆堂边。
见客不问谁，礼质无周旋。
醉卧枕欹树，坐寒展青氊。
折松扫藜床，秋果颜色鲜。
白犬舐客衣，惊走闻腥膻。
乃知轩冕徒，宁比云壑眠。

麻道山

↑ 麻道山

麻道山，也称羊道山，位于黄岔村南2公里，东距凌霄山主峰2公里，因上山小道，只有羊可攀登，传说张角在凌霄山建中央寨时，用羊向山上运送砖瓦，故名羊道山。

传说，张角起义前，剪了许多小纸人，存进一大瓮中，用青石板盖住，做了符咒，委托南寺老和尚看管，等起义时做士兵用。一日，老和尚为防纸人被雨水淋湿损坏，下山打桐油，嘱咐小和尚看好大瓮。老和尚走后，小和尚听到大瓮内有乒乒乓乓打斗声音，好奇地掀开青石板。突然，从瓮中蹦出一群拿着纸刀纸枪骑着纸马的小纸人，看到地上摆放的麻秆，每个纸人各扛一根，向山下黄卡（今黄岔村）冲去。忽然，天降大雨，淋湿了没来得及刷桐油的纸

↑鹰石山

↑鸡石山

↑老神石

人纸马，符咒被雨水冲破，纸人纸马被毁，贴在山道上，山道上只留下了麻秆，得名麻道山。

鹰石山·鸡石山

鹰石山、鸡石山，两山都位于黄岔村东北1公里的山凹内，因一山似鹰、一山似鸡而分别得名。相传，当年张燕带领义军黑山军同汉军激战时被困，断粮断水，突然天响炸雷，普降甘霖，给义军解了干渴之围，后义军退居到中丘黑山，继续战斗了二十多年。当时，凌霄山出现了老鹰追扑山鸡，放羊人张三甩鞭大喊，镇住老鹰，救了山鸡，老鹰和山鸡化成大山。据说鸡石山是黄巾起义领袖张燕的化身，张三救了山鸡，也等于救了张燕，被民间封为及时行雨的龙王。

老神石·老神传道石

老神石，位于黄岔村南偏西4公里，高约20米，紧挨凌霄山主峰东侧，从凌霄山北坡观看，酷似一人坐在太师椅上，面东讲经传道。民间传说，此石为张角传教的化身。

老神传道石，位于黄岔村南1公里，为登凌霄山路旁的不规则巨石，南北长10米，东西宽8米，高8米，石侧面有自然形成的人物图案，形似老神传道，故名。

↑ 老神传道石

立石柜石・疗伤石・瓮桶乜石

立石柜石，位于黄岔村南2.5公里，东距凌霄山主峰1公里，在麻道山道旁，由一山石断成两块，形状似柜和柜盖，故名。石柜长2.66米，宽1.92米，高1.83米，石盖长2.66米，宽1.92米，厚0.90米。传说，张角在山上藏有金银珠宝，立石柜就是他的藏宝之地，在雨后天晴时，常常有人远远看到立石柜上晒着金银宝贝，上山去拿，那宝贝化作金莲花，满山跑，人追到东花就跑到西，人跑到西花却跑到东，怎么也抓不到。

↑ 立石柜石

疗伤石，位于黄岔村南3公里，东距凌霄山主峰600米，有一整石山

↑ 疗伤石

体，山顶平缓，南北长20米，东西宽6米，山石红色，似点点血迹浸洇山石，当地称其为疗伤石。传说，黄巾军受伤的士兵曾在此疗过伤。

↑ 瓮桶乜石

瓮桶乜石，又称“布袋装”，位于老神山张角中央寨北寨墙根，黑乜根山南侧，山体高百余米，宽约50米，形状似瓮似桶，故名。传说，张角有剪纸人施咒运粮之术，他在凌霄山中央寨驻扎的十万大军所用军粮，全是施咒的纸人从官府粮库和奸商劣绅家盗运来，存放在此山中。这些粮食不仅供义军吃，还周济附近村民，后来，瓮桶乜石内的粮食成为“吃不完的南山粮”。据传在雨过天晴时，很多人看到此石上晒蟒袍的海市蜃楼幻景。

卧牛石·昆仑石·印把石

↑ 卧牛石

卧牛石，位于凌霄山主峰南坡大悲庙东侧，为一自然石，形似卧牛，故名。石长7.20米，宽3.70米，高1.70米，牛头缺失。传说，东汉末年，黄巾起义领袖张角，小名叫张牛角，在选址建黄巾军中央寨时，天降一石牛于凌霄山，张角认为是天意，即在凌霄山传教建寨。后有人为破张角称帝，盗走牛头，张角领导的黄巾起义失败。还传说，有一城闹水灾，此石牛救了一城人，改城名为卧牛城（即今邢台城）。

昆仑石，位于凌霄山主峰中岩山顶，是两块凸出山体的巨石，分东西两块，东为左昆仑石，东西长2.30米，南北宽0.55~1.20米，高1.75米，石东南面刻字“左昆仑”；西为右昆仑石，南北长2.92米，东西宽1.16米，高2.10米，石南面刻字“右昆仑”。传说，张角为称帝封凌霄山顶两块山石为“昆仑”，寓意顶天石柱。

印把石，位于黄岔村南黄卡（汉阙）的西侧，是一块高0.5米、长3米、宽1米的凸露山表的红色石英砂岩，因极像一块倒扣的官印把而得名。相传，张角当年为称帝而刻的玉玺，因张角化龙只长出龙角，被刘备破了法术，龙角和玉玺化成石，成为今天黄岔村一道龙脉山风景。

火镰石·火绒石·火镰刃石·火镰铲石·穿天洞

火镰石，位于凌霄山北坡山腰，北距黄岔村2公里，东西长20米，高15米。

火绒石，紧挨火镰石东侧，高15米，因山石顶似火苗而得名。

火镰刃石，位于火镰石东200米，东西长10米，高15米，因山石顶部似刀刃而得名。

火镰铲石，位于凌霄山北坡山腰，北距黄岔村3公里，东西长11米，南北宽6.08米，厚3.60米，因山石外形似铲而得名。

穿天洞，位于凌霄山北坡山腰，介于火镰石与火镰铲石之间，北距黄岔村2.5公里，洞体呈西北—东南走向，洞长1.30米，洞高

右昆仑石

火镰石、火绒石

左昆仑石

印把石

火镰铲石

火镰刃石

穿天洞

0.80~1.20米，东南口高1.20米，宽0.86米，西北口高0.80米，宽0.70米。

相传，远古人们茹毛饮血，还不知道取火熟食。人们为了吃熟食就上天盗取点天火的火镰、火绒，送回民间，刚过穿天洞，就被天神发现，天神派雷公、雨神浇灭天火，火镰崩开，并与火绒化作山石留在民间，从此人们开始敲石取火。

↑ 南护村石

南护村石·北护村石

南护村石，位于黄岔村南80米的山坡上，是一块高约4米、宽约2米的裸露山体，呈不规则柱状，石顶部似怪兽头。

北护村石，位于黄岔村北300米的山坡上，是一块高约8米、宽约4米的裸露山体，整体似一蹲坐怪兽，口、眼、鼻、耳形象逼真。

传说，凌霄山上凌霄寺和尚镇妖除怪，点妖成石。千百年来被村民口口相传，称为护村石。

↑ 北护村石

朝阳洞·银供岩洞

朝阳洞，民间称张角洞，位于黄岔村南。清康熙七年（1668）《内丘县志》记载："朝阳洞，俗呼为片风窑。"村民说，据老辈流传洞有一人高，长达六里地，穿过了整个凌霄山，一洞口在凌霄山，另一洞口在山下村庄，当年张角从此洞运兵上山，被传为“用不完南边的兵”。惜此洞现今尚未发现。

据2004年、2007年两块重修卧佛殿和佛像碑记载：“喜虎见老祖点头归望山林，老祖就在滴水岩修炼，后归朝阳洞。当时，朝阳洞盘踞九条毒龙，怎能进的洞里？老祖取出降魔宝，将九条毒龙收在内，要化成血水。老祖想恐怕损我修行。老祖说：毒龙求命，跟我修行。九条龙保老祖常尽忠孝。老祖进入洞中修炼悟道。又有猛虎来，在洞门摇头摆尾、伏爪牙错、二目圆睁，一身纵跳，剪剪尾硕石乱滚，抖抖毛通体火光。老祖取出宝贝变只羊形，虎见羊以为得食，张口就咬，宝贝从口而入，把虎口挡住，伏住猛虎要除残。老祖想恐怕损我修行前程。老祖说：猛虎随我受戒，一不许逞风上岭，二不许拦路伤身，三不许鸣山报叫，四不许仗势逞能，五不许路口行卧。老祖降龙伏虎，在洞内修道成真，归中岩山二十七载，六十九归圣镇安佛国。”

银供岩洞，位于黄岔村西北600米处，洞口朝西南向，洞口高2米，宽3米，洞深8米。传说是二郎担山追太阳，在此山歇息时，担杖戳的窟窿而形成山洞，黄巾军曾在此洞藏过金银宝贝，据说有人曾在洞内找到过金银，故名。

“背水一战”古战场——泜河之源

黄岔村位于凌霄山北坡，自古水源较充沛，村域内有西寨沟河、东寨沟河、西黄岔沟河、大神佑沟河、泉水沟河五条主要河水溪流，四季常流不断，均汇入泜河，为泜河之源。清康熙七年（1668）《内丘县志》记载：“城北三十里为泜水河，即尹村河（尹村1947年4月前属内丘县，后划归隆尧县，今为西尹村、东尹村），韩信背水破秦兵处。《山海经》注云：‘泜水，敦舆（今内丘凌霄山）之阴，经中丘（今内丘）东流入漳。’发源自鹊山西南胡姑垴，由烟南（今内丘县岩南村）獐磨（今内丘县獐獏村）北至石关，会临城西北诸水东下，经塞底（今内丘县集上赛村）至临城

↓ 泜河之源

县南，又会西北诸水，合流至尹村，势欲滔天，抵唐山（今隆尧）县西门，转而南东流入漳。此鹊后第一川水也。”

西汉司马迁《史记·淮阴侯列传》记载，韩信，淮阴（今江苏清江西南）人，汉王刘邦手下的大将。为了打败项羽，夺取天下，他为刘邦定计，先攻取了关中，然后东渡黄河，打败并俘虏了背叛刘邦、听命于项羽的魏王豹，接着往东攻打赵王歇。汉二年（前205）韩信和张耳率领几十万人马，想要突破井陉口，攻击赵国。赵王、成安君陈馀听说汉军要来袭击赵国，在井陉口聚集兵力，号称二十万。赵王手下的谋士李左军主张一面堵住井陉口，一面派兵抄小路切断汉军的辎重粮草，韩信的远征部队没有后援，就一定会败走；但大将陈馀不听，仗着兵力优势，坚持要与汉军正面作战。韩信了解到这一情况，非常高兴。他命令部队在离井陉三十里的地方安营，到了半夜，让将士们吃些点心，告诉他们打了胜仗再吃饱饭。随后，他派出两千轻骑从小路隐蔽前进，要他们在赵军离开营地后迅速冲入赵军营地，换上汉军旗号。“信乃使万人先行，出，背水陈。赵军望见而大笑。平旦，信建大将之旗鼓，鼓行出井陉口，赵开壁击之，大战良久。于是信、张耳详弃鼓旗，走水上军。水上军开入之，复疾战。赵果空壁争汉鼓旗，逐韩信、张耳。韩信、张耳已入水上军，军皆殊死战，不可败。信所出奇兵二千骑，共候赵空壁逐利，则驰入赵壁，皆拔赵旗，立汉赤帜二千。赵军已不胜，不能得信等，欲还归壁，壁皆汉赤帜，而大惊，以为汉皆已得赵王将矣，兵遂乱，遁走，赵将虽斩之，不能禁也。于是汉兵夹击，大破虏赵军，斩成安君泜水上，擒赵王歇。”这个故事演化出成语“背水一战”，故事中的张耳、成安君陈馀二人之墓位于内丘段泜河南岸，为内丘县文物保护单位。而泜河之源头，五川之水西寨沟河、东寨沟河、西黄岔沟河、大神佑沟河、泉水沟河，皆发源于黄岔村南凌霄山山脉。

西寨沟河

西寨沟河，民间称红泥河，南发源于凌霄山中的夹耳山，经黄岔村西寨沟庄，北流至岩南村北汇入泜河，境内流长达7公里。清光绪三十二年（1906）《内邱乡土志》记载："夹耳山，在城西七十里獐貘区，高峻壮严，形如人耳相夹，山下有泉，流西北入泜水。"2006年《内丘县志》记载："夹耳山，俗称响马帽，在太子岩西南4.5千米处。此山形同人耳，左右相夹，故名。旧志载：'山下有泉，流西北入泜水。'"传说，汉代刘备挂帅，派关羽、张飞率军攻打黄巾军中央寨，张角借山险，用兵布奇阵，万箭齐发，关

↓西寨沟河

羽、张飞所率汉军，未见到黄巾军就被全部射杀，只逃出了关、张二人，被乱箭射死在山沟的三千人马，血流成河，流入西寨沟河，染红河边山石，至今此河两边石头还是红色石头，土还是红色土。

东寨沟河

东寨沟河，南发源于凌霄山北坡窑坑，经桐花岩北流经黄岔村东寨沟庄，至岩南村北汇入泜河，境内流长达7公里。

↑ 东寨沟河

西黄岔沟河

西黄岔沟河，西发源于凌霄山戈寥岩，经黄岔村新村岩南沟庄，

↓ 西黄岔沟河

↑ 大神佑沟河

北流至岩南村北汇入泜河，境内流长达2公里。

大神佑沟河

大神佑沟河，南发源于凌霄山南旮旯天东侧，经黄岔村东寨沟庄，北流至岩南村北汇入泜河，境内流长达7公里。

泉水沟河

泉水沟河，西发源于凌霄山西戈寥，北流至岩南村北汇入泜河，境内流长达1.5公里。

↓ 泉水沟河

古树传奇

黄岔村属北温带季风性气候，有山场面积8000亩，林场面积4000亩，山高林密，适合栽培植被、灌丛、旱生型森林群落、中生型森林群落生长。受气候和地形影响，千百年来，这里生长着许多奇特的古树，人们赋予它们动听的民间故事并流传至今。

↑ 生长在黄岔村老宅房中的菜树

菜树

菜树，落叶乔木，树干外形古怪，高达十余米。传说，古时有人在山里烧窑，一菜树吸日月精华成妖，树枝变成人手伸进窑洞内害人，烧窑人夹火炭放进其手中，破其妖术。自此，这里生长的菜树树干均变得奇形怪状。

↑ 漫山遍野的黄栌柴树

黄栌柴树

黄栌柴树，落叶小乔木或灌木，树冠圆形，高可达3~5米，木质呈黄色，当地人称其“黄巾木”。传说，张角当年与刘备、关羽、张飞率领的汉军激战时，为增加兵源撒豆成兵，张角战败后，豆兵士化作黄栌柴树，遍布凌霄山角角落落。至今当地人还常砍黄栌柴树做棍棒练武，认为其可辟邪。

另外，还有一些树生长环境奇特，如黄岔村老房中的柏树、凌霄山上南寺塔基石中的棒棒树等。

↓ 生长在南寺塔基石中的棒棒树

凌霄山寨

凌霄山寨，民间又称黄巾军中央寨，位于凌霄山主峰南坡，在方圆约十平方公里的古寨内，山势奇险，高耸云霄；古树参天，遮云蔽日；山藤野草，植被繁茂；曲径通幽，鸟语花香；筑塔建寺，香火鼎盛；遗址遍布，景观众多。古寨墙，依山就势，蜿蜒曲折；古寨门，基础尚存，清晰可辨；点将台、练兵场、水牢、杀人场等遗迹尚存。1993年7月，河北省人民政府公布凌霄山寨列入第三批省级文物保护单位。

↑ 黄巾军中央寨遗址

寨墙

黄巾军凌霄山寨寨墙，围绕在凌霄山主峰四周，依山就势，就地取材，由当地山石砌筑，现存寨墙墙体长23公里，高1~3米，墙厚1~1.5米，寨墙内设瞭望所、流动哨所。传说，刘备曾率兵攻打凌霄山寨，连破山下两道关隘，攻打到凌霄山寨寨墙时，黄巾军利用寨墙，使用檑木炮石打退了刘备进攻。刘备看到寨墙又高又险，又知寨内粮草充足，一时半会儿攻不下来，就

↑ 黄巾军中央寨寨墙

将寨墙外围草木烧光，准备长期围困，想困死张角起义军。这场大火不仅断绝了寨内柴草来源，同时还使寨内张角将士失去林木遮蔽掩护，无法再向刘备进攻。刘备一围两个月，眼看着寨内缺草断粮，军心开始不稳。张角巡视寨墙，发现墙根绿草发芽，心生一计，命令将士在山寨内拾取草籽，做成草籽泥弹，用箭射到寨墙外四周山上；又用藤条穿上马铃铛，挂到寨内四周山上。刘备从清明守到立夏，没等到黄巾军一兵一卒来投降，就派兵前去探看，发现被烧光的山上长满绿草。这时，张角命令将士摇动四周山上的马铃铛，喊杀射箭。刘备暗暗吃惊，疑张角道法高明，有移天换地的本领，又有探马传来消息，黄巾军攻进了京城，刘备看到黄巾军中央寨易守难攻，借机匆匆撤兵。从此，民间留下了民谣："张角用计道法灵，藤穿马铃作疑兵，草籽泥弹当箭用，吓退刘备十万兵。"

↓ 黄巾军中央寨寨墙（局部）

寨门

↑ 黄巾军中央寨南寨门遗址

黄巾军中央寨寨门设在寨墙四周，分东、西、南、北四个寨门，因寨墙依山就势而建，建在四个山凹坡缓沟口处。北坡较缓，北寨门与西寨门相距仅有500米；西坡较陡，西寨门与南寨门远达4公里。东、南、北三个寨门仅存遗址，西寨门保存较完好。西寨门门槛、门墩石、门闩插洞、城门守兵卫所尚存；门口宽1.92米，进深4.06米，残高2.20米，墙厚1.10米。西寨门、北寨门是运送砖瓦、粮草的主要出入口。

↓ 黄巾军中央寨西寨门遗址

点将台

点将台，位于凌霄山南坡，呈三层阶梯状，依山而筑，上层25级，中层13级，下层43级，共计九九八十一级，分别为张角、张宝、张梁点将台。每层台级上都有一片平地，可容纳数百人。传说，汉代张角在凌霄山建立黄巾军中央寨，因屯兵而设点将台。

据《巨鹿县志》记载："张角（？—184）东汉末黄巾起义首领，自称'大贤良师'。灵帝时，借治病传教，秘密进行组织工作。十余年间，徒众达数十万人，遍及青、徐、幽、冀、荆、扬、兖、豫八州，中平元年（公元184年）起义，称'天公将军'。以头缠黄巾为标志，称'黄巾军'。与其弟张梁会集幽、冀两州黄巾军，在广宗（今河北威县东）击退北中郎将卢植的进攻。此后又打败东中郎将董卓。不久病死。""张宝（？—184），东汉末黄巾

↓张角点将台

起义首领。张角弟。中平元年（公元184年），称‘地公将军’。同年，张梁在广宗（今河北威县东）战死后，他率军在下曲阳（今河北晋县东）抗击汉将黄埔嵩，也英勇战死，全军十余万人全部战殁。”“张梁（？—184），东汉末黄巾起义首领。张角弟。中平元年（公元184年），称‘人公将军’。曾与张角击退北中郎将卢植、东中郎将董卓的进攻。后东汉政府派左中郎将黄埔嵩进攻，他率军在广宗（今河北威县东）英勇反击。后以警戒疏忽，遭汉军夜袭，兵败殉难。”

↑ 张宝点将台

张角点将台，北距凌霄山主峰1000米，平台面积达500平方米，台北侧建有中天佛殿，南侧通过明代修建的25级台阶，可到大将张宝点将台。

张宝点将台，北距张角点将台600米，平台面积达600平方米，台北侧建有进天佛殿，南侧通过明代修建的13级台阶，可到大将张梁点将台。

↑ 张梁点将台

张梁点将台，北距张宝点将台约200米，平台面积达800平方米，台北侧建有安天佛殿，南侧通过明代修建的43级台阶，可到大悲庙。

↑ 张角地宫遗址

↑ 杀人场遗址

迷神洞

迷神洞，又称张角地宫，位于凌霄山南坡，北距主峰中岩山1100米的悬崖峭壁上，洞高约2米，宽约6米，洞深数千米，可达山前村庄。传说，张角在此洞得南山老仙赠医、兵、法三部天书，创立“太平道”，靠医术传教，在凌霄山建立中央寨，聚众发动黄巾起义，此洞曾驻藏过黄巾军的千军万马。至今，洞内还留有砖砌的炕、墙等遗迹。

练兵场·杀人场

练兵场，位于凌霄山南坡大悲庙前，面积达1000多平方米。传说，张角在凌霄山建立黄巾军中央寨，因屯兵而设练兵场。

杀人场，位于凌霄山中央寨东门内，石砌平台，西南保存完好，东南角坍塌，现存平台高4米，长4米，宽5米，面积20平方米。杀人场东侧台下设看场，长10米，宽4米，面积40平方米。传说，张角在凌霄山建立黄巾军中央寨，因屯兵严明军纪而设杀人场。

水牢

水牢，位于凌霄山中央寨西门内，西距西门1000米，巧借天然石洞和地下暗河而建。水牢口小肚大，下面有两间屋大，全部用条石垒砌，水深1米多。现存水牢口长、宽各0.70米，深3米，石砌井壁光滑，无法攀爬，水牢外廓东西长26米，南北宽13米，面积达338平方米。传说，张角率领黄巾军在巨鹿发动起义后，班师回凌霄山中央寨，坐镇指挥，留下大将马元义、唐周镇守巨鹿。后唐周叛变，投靠汉军，杀害马元义，为汉军充当密探，潜回中央寨，被张角设计识破，下水牢处死。

↑ 水牢口

八角井

八角井，又叫八角琉璃井，位于凌霄山中央寨主峰南坡，大悲庙前，井深10米，井水清澈见底，井沿口用八块内边长0.44米、外边长0.80米、高0.44米的糙白玉梯形石拼装垒砌，呈八角形，故名。传说，张角在凌霄山建中央寨后，甲子年天大旱，河水断流，山寨无水吃。张角在山上寻找水源，遇到一个自称是山神土地的白胡子老头，告诉他，山上无水是因鼠与牛争水造成的，并告诉他解决方法。当夜，张角怀揣大花猫在凌霄山上躲藏好，单等鼠牛相斗。子丑相交之时，果然听到鼠牛争吵之声，细听才知甲子年鼠值更，定天下大

↑ 八角琉璃井

旱两年，乙丑年该牛值更，牛不答应天旱，鼠牛就打了起来。张角知道天旱原因后，就放猫咬鼠帮助牛，牛获胜跑走了，张角紧跟其后，听到牛叫了三声，忙召集兵将循声而去，发现头南尾北的石牛，便就地挖了一井，泉水往外流淌，漫过了井沿，全寨的男女老幼听到消息，都过来挑水，总也挑不完。后来，张角请来能工巧匠，用汉白玉石把井台垒成了八角形状，故名。

↑ 旗杆石遗迹

旗杆石

旗杆石，位于大悲庙练兵场西南角，现大部分埋于地下，只有顶部露出地面。传说，黄巾军在中央寨练兵时，练兵场的军旗就插在此石上。

↑ 金桥

金桥

金桥，民间称金桥玉栏杆，位于大悲庙与玉皇庙之间，始建年代不详，现存石桥为1999年重修。桥长4.77米，宽2.76米，拱高1.98米，跨度1.58米，两侧吸水兽保存完好，桥面新铺白玉石，新雕白玉石栏杆。传说，当年张角为了登基当皇上而建金桥。

黄卡

黄卡，现称汉阙，位于黄岔村村南山坳上，坐北面南，上下两层，各1间，长宽各6米，通高10米，墙厚1.10米，方形建筑，下层为石砌，上层为木质搭建。传说为黄巾军中央寨北坡的最后一道关卡，故名。2015年原址重建。

↑ 黄卡

演武场

演武场，位于黄岔村南300米，为三层台式场地，第一台演武场南北长17米，东西宽17米；第二台演武场南北长12米，东西宽15米；第三台演武场南北长13米，东西宽13米。每层演武场之间的台阶为九级，据说是仿照凌霄山上的点将台而建。义军的家属都在这里休养生息，演武场是为少年演武而建。原演武场因山洪而冲毁，今存演武场为原址重修。

↑ 演武场

黄岔村地处深山，是内丘连接邢台、山西的交通要塞。抗日战争时期，黄岔村因地理环境特殊，成为设立内丘县抗日领导机构的重地，也成为抗日红色堡垒村。

这里是抗日的大后方，家家住过抗日战士，户户筹集过抗日军粮，人人为抗日出工出力。这里是抗日的摇篮，黄岔保卫战培养了民兵指挥员，抗日小学培育了大批知识人才，避难所救助了许多伤员和群众。从这里也走出了许多抗日模范人物。

↓ 内丘县抗日独立营营部旧址

第三章
抗日红色堡垒村

抗日堡垒

抗日战争时期，内丘县抗日县政府、内丘县抗日独立营、内丘县南保家民团、八路军太行第一军分区交通站曾在黄岔村驻扎，黄岔村成为抗日堡垒村。

内丘县抗日县政府驻地

内丘县抗日县政府驻地，位于黄岔村西寨沟庄西台村民刘平妮家四合院，坐西朝东。1942年7月至1945年8月，抗日县政府在此驻扎，时任县长刘振邦在北屋办公。1942年春，敌人开始对内

↓ 内丘县抗日县政府旧址

丘县根据地进行连续疯狂“扫荡”，实行跃进式“蚕食”，对占领区实行“强化治安”。根据地的处境前所未有的艰难，可以说到了生死存亡的关键时刻。为打破敌人封锁，抗日县政府提出“敌进我进”的对敌策略，组织“保家民团”，在敌后农村建立“两面政权”。1943年夏，在根据地实行精兵简政、救灾度荒，使根据地日益巩固。1944年秋，内丘县抗日县政府领导内丘抗日军民，开始局部反攻，摧毁敌人封锁线，将日伪军压缩在县城和少数据点内。到1945年8月，大片土地变成解放区和游击区，除敌占区外，全县各村基本建立党支部，党员达1050人。内丘县抗日县政府自1937年12月31日成立至1945年9月16日内丘县城解放，驻地不固定，先后曾在獐貘、白草坪、桃园、临城县蝎子沟、神头、米家沟、后洞、上栗峪、摩天岭、乔家庄、小西、西秋、黄岔等村设驻地办公。

内丘县抗日独立营驻地

内丘县抗日独立营驻地，位于黄岔村西寨沟庄东台村民张贵生家宅院，坐东朝西。西台的抗日县政府驻地门前场地曾是当时抗日独立营练兵场。1938年11月，内丘县成立了抗日独立营，设三个连，280余人，90多支枪。1942年7月至1945年8月，抗日独立营营部曾在黄岔村驻扎，营长范金标在西寨沟庄西台村民刘志国宅院办公。独立营任务是保卫抗日县政府安全和根据地治安。据村民说，黄岔村户户家中都曾住过独立营战士。《中国共产党内丘历史·第一卷》记载：“（1944年）8月29日夜，县独立营和第二区干队在军分区工兵和民兵配合下，围袭并炸毁了玉驹（鱼脊）岭日军中心碉堡。炸死日军15人，炸伤4人并俘获，缴获掷弹筒1个、炮弹50余发、机枪2挺、步枪15支、子弹2000余发及全体物资若干。当夜，驻阎王山碉堡的伪军闻讯仓皇撤逃。炸毁玉驹（鱼脊）岭日军中心碉堡，对扭转内邱的抗日斗争形势起到了重要作用，日军第三道封锁线以此为标志宣告崩溃。《新华日报》（太行版）先后以《内邱攻克鱼脊岭等五据点》《三勇士消灭日军一小队》《鱼脊岭克服经过》为题，对此三次进行报道。”黄岔村村民刘顺德（已故）曾编歌谣：“独立营炮弹真厉害，一个炮弹轰下鱼脊岭炮台，打死敌人十五个活捉四个，十九个鬼子回不了他们国，得了歪脖子机枪和掷弹筒，还有子弹两千多。”

↓ 内丘县抗日独立营营部旧址

内丘县南保家民团驻地

内丘县南保家民团驻地，又称“南民团”驻地，位于黄岔村东寨沟庄，由三个四合院连在一起组成，保存基本完整，北面靠山，前面小广场为练兵场。1942年，太平洋战争爆发后，日军加紧对敌后抗日根据地的掠夺和“扫荡”。根据地的青年纷纷要求成立武装，抗击日本侵略者。内丘县独立营抓住这一有利时机，于当年7月将这些积极分子集中到黄岔村进行培训，并成立群众自己的武装来保卫自己，保家民团应运而生。同年10月，保家民团分成两部分，活动在内丘至柳林公路以南的称作南保家民团，孟范连任团长，有30余人，仍驻扎在黄岔村。1943年秋，南保家民团30人集中在北永安村执行任务，遭到日伪军600多人包围，孟范连带领南民团避实击虚，突破一个小口冲出村，周旋于县城南关、平汉铁路西侧凤凰、小马河、张夺、冯唐、孟村，在敌我力量悬殊的情况下，战斗10个小时，行程25公里，突破重围，无一人伤亡。1983年，孟范连在回忆录《太行儿女》中，以“战斗在敌后”为题，记述了这次战斗。

↑ 内丘县南保家民团团部旧址

八路军太行第一军分区交通站

八路军太行第一军分区交通站，位于黄岔村东寨沟庄村民李仁书家宅院。抗日战争时期，冀西中部依地理区位，平汉铁路以西由太行一分区管理，铁路以东由冀南二分区管理。在内丘境内，

↑ 八路军太行第一军分区交通站旧址

1939年开辟了从内丘城至官庄以北之间通过铁路线，从内丘城北的史村、清修、张村一带通过铁路线的两条秘密交通线；1942年，又在靠近内丘城的河村建立秘密联络点，新辟了第三条秘密交通线。这三条秘密交通线南北并行，太行与冀南的交通联络此后畅行无阻。第三条秘密交通线是太行一分区到冀南二分区之间的交通主干线，其间相隔一百多里。东起点设在尧山（今隆尧）县南位村，为冀南二分区交通站；西起点设在内丘县黄岔村，为太行一分区交通站，张志达任交通站站长，有很多交通员，担负着太行与冀南以及山东、冀鲁豫等根据地之间的物资运输、人员护送、文件和书报传递的任务。当时，黄岔村的交通员就有十几人，还出现了像张荣妮那样，为便于信息传递，服从组织安排，在河村建立夫妻交通站的交通员。时任内丘县二区区委书记的黄岔村人张玉林曾组织、领导交通队工作。1943年3月，内丘县独立营在黄岔村举办通讯训练班。到1944年年底，抗日形势已发生根本性的变化，内丘境内秘密交通工作任务也不再紧张，交通队撤销，交通站继续工作，直到1945年6月。在黄岔村形成了外来人进村，村民不看、不问、不说的“三不”特殊民风，一直延续至今。

抗大干部疗养院

抗大干部疗养院，位于黄岔村西寨沟庄西台村民刘春生家宅院。中国人民抗日军事政治大学（简称抗大）创建于抗日战争爆发前期，担负着为中国革命培养大批优秀军政干部的光荣使命。初创于陕北，后随形势发展辗转敌后办学，1940年11月4日抗大总校进驻河北邢台县浆水一带，校部设在前南峪村。抗大在前南峪村办学三年间，先后培养了三期学员，共18000人，邓小平、刘伯承、罗瑞卿、彭德怀、滕代远、何长工、张际春等老一辈无产阶级革命家曾在这里工作战斗过，为夺取抗日战争乃至以后的解放战争的胜利，以及新中国的社会主义建设与发展作出了不可磨灭的贡献。据村民说，1941年，一名抗大男干部经黄岔村到邢台县前南峪培训学习，在黄岔村病倒，卧床不起，黄岔村未婚妇女干部张黑妮秘密照顾，端屎倒尿月余，直至抗大干部养好病秘密离开。

↓ 抗大干部疗养院旧址

↑ 抗日小学旧址

抗日小学

抗日小学，位于黄岔村东寨沟庄村民李海军家二楼。1942年7月至1945年8月，内丘县抗日县政府、抗日独立营、南民团及八路军太行一分区交通站驻扎在黄岔村时，为了培训军政人员及交通员而设立抗日小学，利用晚上时间开展识字扫盲、宣传政策、思想教育等工作，提高抗日人员的政治文化素质。

避难所

避难所，在黄岔村有三处，即大遮掩洞、神佑沟老滩旮旯、观角楼。

↓ 神佑沟老滩旮旯避难所旧址

大遮掩洞，位于黄岔村南200米处，洞高2.5米，洞宽4米，洞深6米。抗日时期村民和抗日战士为躲日军扫荡曾在此洞避难；解放战争时期，中共女党员、村妇救会主任、交通员李清现的妻子郝全荣，为躲国民党搜捕曾在此洞召开党员大会。

神佑沟老滩旮旯，位于黄岔村东神佑沟1公里处，洞高2.5米，洞宽15米，洞深8米。抗日战争时期村民为躲日军“扫荡”曾在此洞避难。

观角楼，位于黄岔村南2公里，凌霄山主峰北坡带拐弯山沿下，山形似楼，海拔800米，遮岩长5米，深2米，高1~1.80米，口向东南，直观凌霄山顶老神庙。传说，民间为守候、观望山顶的张角庙而取名观角楼。现存长2.40米、宽2米的干垒石炕和锅灶、石墙等遗迹。据黄岔村民说，抗日战争时期，这里是黄岔村躲避日军的避难所。最后居住的村民为黄岔村刘殿堂一家。

↑ 观角楼

抗战大道

抗战大道，位于黄岔村西南转西北，自邢台县雀寨村，向东北过长沟岩至黄岔村，再向西北至岩南村，约20公里的崎岖山间小路。抗日战争时

↑ 抗战大道

↑ 抗战粮仓旧址

期，黄岔村交通员护送抗日部队和干部伤员，传递文件书报，运输物资皆从此路安全通过，今人为纪念而取名。

抗战粮仓

抗战粮仓，位于黄岔村西寨沟庄村民张永军家，上为石砌臌洞，高2.46米，宽3.46米，进深3.73米，下为山洞，高1.80米，宽1.06米，深5.20米。山洞有两个洞口，一洞口在上直通作为村民居室的臌洞，现已封堵；一洞口在侧面用篱笆墙遮挡，位置隐蔽，至今许多村民不知此处曾为抗战粮仓。2006年《内丘县志》记载："抗日战争时期，抗日政府在山区根据地农村中藏粮，1939年在寨门沟、黄岔两村藏粮共计1.5万公斤。"1988年《内邱沧桑十八年（1931—1949）》记载："1939年4月，驻獐獏川、白芷川一带的河北民军等部抢走县政府储藏在寨门沟和黄岔的全部存粮20000余斤。"现今粮仓洞尚存。

黄岔抗日保卫战

黄岔村紧靠凌霄山，沟壑纵横，抗日战争时期仅有四五十户人家，全村总人口不足200人。村内设有抗日县政府、抗日独立营、抗日南保家民团、交通站、抗日小学，村内民兵多次接受独立营的军事训练，并配合独立团作战。

1943年，抗日战争处于敌我相持阶段，驻守内丘、临城的日军为了加快侵华步伐，集结日军700余人、伪军1000多人，向驻守在黄岔村的内丘县抗日独立营大举进犯。营长范金标获得情报，组织民兵，发动群众，巧妙安排，精心布阵，埋地雷，设埋伏，同敌人展开了游击战、麻雀战，陷敌人于人民战争的汪洋大海之中，直杀得敌人丢盔弃甲，狼狈而逃。

驻守在内丘鱼脊岭炮楼上的日伪军也参加了对县独立营驻地的进犯。他们不甘失败，扬言要报一箭之仇，趁独立营外线作战之机，一个约20人的日军小队，在30几名伪军的带领下，要血洗黄岔村。

黄岔村民兵指导员张玉文和民兵队长刘黑小接到情报后，镇定自若，对敌我双方人员数量、武器装备、作战能力等方面进行分析，双方力量悬殊过大，只宜智取，不可强攻。二人详细部署了作战方案，充分利用熟悉的地形地貌，制造假象，迷惑敌人，先组织群众转移到山高林密的中岩山中，再将民兵分为三组，实行“围三缺一”的战术。各组带土枪、土炮、地雷、鞭炮、铁桶等物隐藏在东、西、南三面山坡，只留村北大路一个缺口。

1943年秋，一天上午十点左右，日军小队长骑着高头大马，腰挎日本指挥刀，耀武扬威到了黄岔村北岭，日军小队长下了马，端起望远镜仔细观看，黄岔村两道大沟——东寨沟、西寨沟尽收眼底。但见家家关门闭户，不见一个人影。遂命令他的部下在白土洼支起两挺重机枪，一挺对着东寨沟，一挺对着西寨沟。一旦发现有人出来，立即用机枪扫射。日军小队长带兵先进了东寨沟，见一家门上贴着“打倒日本帝国主义”的标语，大门虚掩着，就气急败坏地命令士兵进屋抓人。四五个日本鬼子争先恐后地向大门冲去，刚一推门，“轰隆”一声巨响，一个鬼子当场毙命，另外几个被炸伤，趴在地上直哼哼。原来，刘黑小事先在门上贴了标语，又在门头上固定了一颗地雷，拉环系在门鼻子上，鬼子猛一推门，地雷立即被引爆。日军小队长气得暴跳如雷，举起日本指挥刀哇啦乱叫。刘黑小瞅准时机，“啪”的一枪，子弹射中了日军小队长的右肩，日军小队长手中的指挥刀掉在地上，栽倒在地。

↑ 黄岔保卫战中炸死日军藏挂地雷的大门

周围山上埋伏的民兵们见刘黑小得了手，纷纷在山后放起土枪、土炮、地雷，一串串鞭炮放在铁桶中被点燃，发出“哐、哐、哐”的声音，恰似机枪扫射时发出的声音。民兵们高呼："打倒日本帝国主义！""冲啊，杀啊！"山谷中到处都是悬崖峭壁，这些悬崖峭壁都是天然的回音墙，霎时间回声四起，枪炮声、喊杀声混合在一起，犹如千军万马杀来。骄横一时的日本鬼子慌了手脚，疑是八路军的正规部队包抄而来，再也无心恋战，抬起受伤的小队长，架起其他受伤的鬼子，落荒而逃。

战斗胜利结束了，总共不过二三十分钟时间，黄岔的民兵们在没有任何外援的情况下，杀死鬼子一名，杀伤多名，缴获日军指挥刀一把，保护了村庄，保护了群众，书写了内丘人民抗战史上光辉的一页。当时的晋察冀边区政府得到消息后，《晋察冀日报》立即进行了专访报道，高度评价了黄岔民兵在抗战中表现出来的大智大勇。晋察冀边区政府向黄岔的民兵队伍颁发了奖旗，鼓励黄岔的民兵队伍继续努力，再立新功。

↓ 黄岔山川

抗日革命人物

黄岔村在抗日战争时期，因设立抗日领导机构，而成为抗日堡垒村，黄岔村的村民积极参加抗日斗争，涌现出许多可歌可泣的抗日人物。

张玉林

张玉林（1914—1989），男，黄岔村人。1938年2月，经中共内丘县委分委书记刘振邦介绍加入中国共产党，从而走上抗日救国之路。抗战期间任内丘县孙家坡区、三区、二区区委书记、县公安局副局长。在抗日斗争岁月里，他家成了抗日堡垒户，是养护伤员和共产党秘密联络的地方。其母和其妹张黑妮常冒着生命危险进山为伤员采药，并把伤员藏在家里照料；其弟张玉文是秘密交通员，曾被敌人抓住，敌人以此来要挟张玉林投降。他多次完成上级交办的护送重要抗日干部、筹集抗日物资、秘密锄奸等特殊任务，敌人对他又恨又怕，曾三次设圈套抓捕他，都被他机智躲过。解放内丘城时，他曾带领公安队伍配合八路军攻入内丘城，之后对敌、伪、特及土匪恶霸进行了肃清和镇压，为维护和巩固共产党领导的新生政权发挥了重要作用。中华人民共和国成立前后，曾任内

↑ 区委书记张玉林住处

丘县委组织部部长、县政府县长，历任峰峰市人民检察院副检察长、邯郸市人民检察院副检察长、邯郸地区检察院副检察长等职务。离休回乡，离而不休，为集体事业甘尽义务，不取报酬，病逝后群众为其立碑，赞誉他“坚定信念，忠贞不渝；一生为公，无私奉献”。其事迹载入《内丘县志》《内丘县组织史》。

张荣妮

↑ 交通员张荣妮住处

张荣妮（1924—1988），又名张荣，女，黄岔村人。1942年参加抗日工作，任冀南二分区秘密交通员。1942年夏，日伪军对抗日根据地进行封锁“扫荡”，使内丘原有地下交通站受到严重破坏。敌人为断绝冀南与太行抗日根据地组织的联系，沿平汉铁路深挖十几里长沟，修筑炮楼驻日伪军，构成严密封锁线，内丘境内只在石村和河村留有东西通道。为打通冀南与太行的组织联系，又不引起敌人注意，冀南二分区领导决定，让张荣妮与打入敌人便衣队的冀南二分区南位交通站交通员、河村村人郭永善结为夫妻，在河村安家设站，新开辟一条夫妻交通线。张荣妮以革命利益为重，毫不犹豫就答应了。没有仪式，没有嫁妆，她背上二十个烧饼走到郭家就算结婚了，直接担负尧山（今隆尧）县南位村至内丘县黄岔村之间的交通工作。郭永善负责河村至南位之间路段，张荣妮负责河村至黄岔之间路段，同时接送内丘城的情报。她胆大心细，泼辣肯干，还是个夜行百里的“飞毛腿”。从结婚到抗战胜利，安全护送干部一百多人，传递情报、信件、物资不计其数。其事迹载入《内丘县志》《内丘县组织史》。至今，“夫妻交通站”老宅、她的上级领导及其护送的抗日干部与她来往的信件以及看望她的老照片尚存。黄岔村和河村的人们还记着她三次被捉、被毒打拷问，她却机智不屈、周旋脱险，从未暴露自己身份，之后还继续坚持工作的事迹；讲述她护送抗日干部，连闯敌人三道封锁线，机智勇敢、化险为夷的故事；流传她多次巧妙化装执行任务，躲过敌人盘查的传说。

张黑妮

张黑妮（1918—1943），女，黄岔村人，抗战期间曾秘密组织成立黄岔村地下妇救会，并担任妇救会主任。其大哥张玉林1938年加入共产党，参加抗日；敌人听到其大哥参加抗日的风声，多次到其家搜查，为了迷惑敌人，她和母亲、二哥商量决定在家中摆放一块大哥的牌位，谎称其大哥在关东煤矿挖煤被砸死，瞒过了敌人。其二哥张玉文是秘密交通员；其母支持三个孩子抗日，常帮助她进山采药、在家秘密养护伤员，成为当时的抗属；其家成了抗日堡垒户。

在敌人对抗日根据地实行极为残酷和严密的封锁时，加剧了对战略物资的控制，不让“一两生铁、一寸布、一粒盐、一两油”运往根据地，要把八路军“困死、饿死、冻死”。在这种形势下，张黑妮接到了上级为八路军和游击队做军鞋的任务，她组织妇女仨一群、俩一伙在晚上秘密做军鞋。为了把军鞋做好，她还编了做军鞋的小曲：“做军鞋，讲质量，每对鞋，斤二两，前五趟，后四趟。

底大帮子小，穿上合脚打胜仗。”她做的军鞋鞋底似花椒眼，横看一条线，竖看线一根，像墨斗弹过似的那样溜直，又结实又好看。在她的带领下很快完成了做军鞋任务。

1940年初，敌伪和一些奸商破坏抗日根据地金融，毁害冀南银行冀钞的信誉。当年秋，为了严厉打击敌人破坏，太行抗日根据地领导决定，要为冀南银行采购一种重要机器——电动铜板印刷机，这项任务要在1941年10月以前完成。抗日组织秘密进行运输机器任务，1941年5月机器通过内丘境内抗日地下通道运往冀南银行，为躲避敌人搜查，路上将机器分拆，时运时藏，途经牛王寨日军炮楼时，惊动了敌人，张黑妮协助运输人员将机器运到山上松林中挖坑隐藏。

1941年，一名病重的抗大干部在黄岔村疗养，张黑妮在村中秘密照顾月余，直到那位抗大干部离开。

1942年秋，保家民团战士韩玉琨患了瘟症，发烧四十多度，住在张家，张大娘拿出酸枣面拌冷水给解热，张黑妮还一个人上山去采药。有一天张大娘不在家，韩玉琨发高烧说胡话，失去了知觉，把屎拉在裤子里。张黑妮发觉后，虽然一个人在家不大方便，但她想到八路军是老百姓的亲人，不能让他在病中痛苦，根本不顾自己还是一个未出嫁的姑娘，就一个人把韩玉琨的裤子扒下来，洗净晒干后又给他穿上。

1943年，张黑妮因积劳成疾病逝，年仅25岁。

张黑妮的事迹载入抗战时期任内丘县南保家民团团长、独立营营长孟范连的回忆录《太行儿女》一书。至今，黄岔村村民说起张黑妮，都说她是村里有名的巧女，心地耿直善良，好说好笑，嘴快脚快手快。论抗日，她是积极分子；论庄稼活，她赛过一个好小伙；论家务活，纺花织布，烧茶煮饭样样都行。她永远活在乡亲们的心里。

张玉文

张玉文（1916—1978），男，黄岔村人。抗战期间加入中国共产党，担任八路军秘密交通站交通员，因其哥张玉林任孙家坡区、三区、二区区委书记，组织抗日活动，敌人多次抓其哥不获，曾抓张玉文要挟其哥投降，后被地下党组织设法救出。1943年，任八路军秘密交通站党组织书记，在指挥黄岔抗日保卫战游击战斗中，曾缴获日军战刀一把。张玉文老成持重，虑事缜密，城府极深，被誉为村中文将。抗日胜利后，曾参加在天津召开的抗日英模表彰大会。1953年6月，黄岔村成立党支部，任党支部书记，直至1978年病逝。

刘黑小

刘黑小（1917—2000），男，黄岔村人，抗战期间加入中国共产党。抗战期间，内丘县抗日县政府驻扎在黄岔村，县长刘振邦了解到他眼力好记性好，是村民眼中的“能耐人”，安排其担任黄岔村干部、民兵队长，派他去学习制作弹药武器，别人只学会一种，他却学会了造地雷、子弹下火、手榴弹引线拉环和配炸药等技能。据黄岔村村民说，抗战期间，刘黑小在邢台县浆水开会领到反敌人“扫荡”的紧急任务，为及时安排给村民，冒大暴雨连夜步行返回，途中被翻着浪头的洪水阻隔，为防被洪水冲走，他果断组织一块开会的其他村干部赤身抱团蹚水过河完成任务。他曾受县长刘振邦委派到县城去锄奸。敌人“扫荡”时，为保护太行一分区交通站，刘黑小曾带领全村人上阵打鬼子。1943年，曾组织指挥黄岔抗日保卫战。一次有五十多个日伪军从东寨沟东侧的神佑湾沟进村“扫荡”，袭击交通站。当时，独立营已出外执行任务，交通员送来消息后交通站安排伤员、群众撤到山高林密的中岩山中，并在交通站驻扎的街门后放置了地雷，派刘黑小带领黄岔村民兵埋伏在东寨沟南山，诱敌深入。日伪军推交通站门时被地雷炸死一个，炸伤多人。同时，军民也从南侧山上边喊边射击，刘黑小又击伤一个，日伪军听到喊杀声，不知山上埋伏多少人，吓得抬上尸体仓皇逃走，从此，日伪军再也没敢进黄岔村。现今，八路军太行第一军分区交通站旧址被地雷炸坏的木门尚存。解放内丘县城时，刘黑小曾担任全县民兵总指挥。刘黑小胆大心细，身强体壮，作战勇敢，人称“拼命三郎”，被誉为村中“武将”。他的故事至今还在村民中广为流传。

韩小三

韩小三（1915—2010），男，中共党员，黄岔村人。1940年10月为抗日入伍，1952年5月退伍，曾打过大仗21次，小仗不计其数。1944年，在河南省登封县战斗中负伤。曾参加解放大西南、解放大西北、解放华北、抗美援朝等战役，获得勋章7枚。

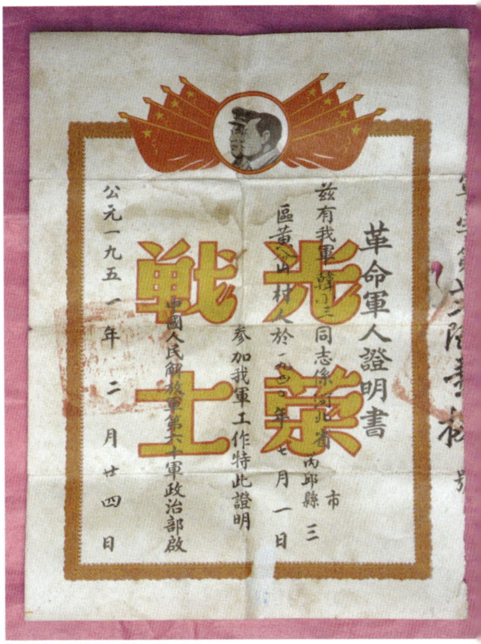

↑ 韩小三的参军证件

中国民间文化遗产抢救工程
THE PROJECT TO CHINESE FOLK CULTURAL HERITAGES

中华民族在创造出丰富的物质文化同时，也创造出了绚丽多姿的精神文化。民俗是产生于民间并积习成俗的一种乡土文化，是本地历史与文明的反映。风俗一旦形成，就成为当地百姓生活约定俗成的准则。俗话说：“十里不同风，百里不同俗。”黄岔村异彩纷呈的传统节庆、村寨俗信、生活礼俗，就是这种民俗精神的文化表现。

↓ 张贴在木梯上的梯神码

第四章
节庆习俗

↓张贴在井姑娘（井架）上的井神码

隆重的传统节日

春节、清明节、端午节、中秋节并称为中国四大传统节日。黄岔村过传统节日与全国大同小异，但在这些节日里，也融进了当地别具一格的糖瓜祭灶、过年撺忙、贴嘎嘎、起五更拜年、门口插艾、送芝麻豆馅饼、赏月吃月饼等活动。

春节

黄岔村民最忙的日子，除了春种、夏管、秋收季节外，冬季最忙要算腊月备办过年货了。杀山羊包饺子，屠年猪做腌肉，宰公鸡敬财神；磨豆子点豆腐，粉黍米撒年糕，糗豆馅做豆馍；炸面菜、炸小馃、炸面叶，蒸馍馍、蒸枣花、蒸面枕头。收拾房屋庭院，拆洗棉衣被褥；写春联，糊灯笼，剪吊挂，揭神码，贴嘎嘎；挑新衣，购鞭炮，选糖果，买烟酒。一进入腊月，家家户户总是忙忙碌碌，呈现出一派忙着过年的景象。民间有歌谣："年年腊月二十三，糖瓜祭灶把嘴粘；二十四扫房子，二十五做豆腐，二十六去刺（割）肉，二十七打糕宰公鸡，二十八蒸馍贴嘎嘎（画画），二十九打酒挂灯笼，三十晚上吃饺子，大年五更乱磕头。初一串本家，初二拜舅舅，初三走丈人，初四看姨姑，初五送穷不出门，初六叫叫老闺女。"这也是黄岔村忙年过年的真实写照。

糖瓜祭灶 一般在腊月二十三晚上举行。民间认为，灶王有"察一家善恶，奏一家功过"的职责，这一天是灶王爷上天述职的日子，也是灶王爷点家里人头的日子，全家人都要回到家中以备灶

↑ 祭灶供品

王爷“点卯”，即使人回不来，主祭的家人在表诵时也要念到名字。祭灶最特殊的祭品是麦芽糖做的糖瓜，那是为灶王爷准备的，人们还把糖瓜抹到灶王爷的嘴上，再敬上三杯白酒，以示让灶王爷到天上多说好话。同时，也要为灶王爷的坐骑备上豆子、草料、水等祭品。祭灶时常念叨：“年年腊月二十三，糖瓜祭灶把嘴粘，打发灶王爷上了天。好话多说，赖话少说，抛米撒面你甭说。多报拿弓拿箭的（指男孩），少报拿针拿线的（指女孩）。”然后把灶王爷神码揭下焚烧，意为送灶王爷上天汇报去了。年三十再把灶王爷请回家。祭灶，是过年的开始，民间还流传一段童谣：“糖瓜祭灶，新年来到，闺女要花，小子要炮，老头子要顶新毡帽，老太太要块新裹脚（指小脚老太太裹脚布）。”

过年搿忙 也就是村人互相帮忙。如杀猪宰羊需要把式，推碾子使磨、蒸馍撒糕都需要帮手。因此，人们在做重活时，左邻右舍互相帮忙，甚至人口少之家蒸馍馍也会借用邻里大锅灶、家什等。通过过年搿忙，体现了邻里之间互相依靠、和睦相处、亲如一家的淳朴民风。

贴嘎嘎 包括贴对联、窗花、年画、神码，挂吊挂、灯笼。

贴对联是家家户户在各个房门上张贴大红对子、门方，即使无人居住的房屋街门口也要贴上；若是家里老了人过了白事（丧事），还要贴黄色或蓝色对联，联语内容多为吉祥、祝福；村中各

过节搡忙推碾子

庙更是不能缺少对联，对联内容与神祇职能相对应，如土地庙对联“土可生万物，地能产黄金”、天地庙对联“天不言而四时行，地不语而万物生”等。不同类型的联语表达了人们对美好生活的各种愿望。中华人民共和国成立后增添和改写了许多热爱祖国、热爱共产党、热爱社会主义、歌颂新生活的对联。

↑ 村民张贴在墙上的鸡神、圈神、牛马王水草神、猪神神码

贴神码敬神是内丘独特的民间俗信。神码，又称神灵码、纸马，是民间艺人经过手工刻制木版，再印刷到纸上的木版年画。有彩色套印和红纸印刷。年节时张贴在特定位置，进行供奉祭祀，祈求福寿平安。贴神码，即将神码张贴在院里院外、屋里屋外特设的神龛内，张贴在附有神祇职能的门上树上、畜禽窝圈上、生产生活用具上，还有张贴在神堂庙殿内等处。若家里老人过了白事（丧事），需三年张贴黄色纸印刷的神码。

请神祭神 年末岁首即年三十晚上和大年初一早晨，人们在家里宅院内张贴神码的地方、村里各庙内，摆供、上香、点烛、烧各种祭品、念神曲、放鞭炮即为请神祭神。因宅院、庙堂所请之神较多，为了能敬拜到诸神，大人小孩手捧供品来来往往穿梭在街巷庙堂之间，是年年过除夕、起五更，村庄最为热闹的年俗活动。

除夕守岁 俗称“熬年夜”。年三十晚上，吃罢了饺子，一家人围坐在火炉旁，大人要陪着孩子吃糖、喝茶、嗑瓜子，做游戏、讲故事、猜谜语，穿新衣、戴新帽、试新鞋，谓“守岁”；长辈还要在小孩枕头下压上几块钱，谓之“压岁钱”。这一晚是孩子们最快乐的一晚，也是年年最期盼的一晚。

起五更拜年 正月初一早起，敬拜过诸神，吃过熬菜煮饺子，男人们就开始走街串巷，挨家挨户，不分姓氏，不分家族关系，给长辈磕头拜年，已婚的妇女只给本家长辈磕头拜年。长辈给来拜年的小孩发糖、花生、小鞭炮等。这一年俗活动，彰显了一个村落尊老爱幼、团结友爱、和睦相处、亲如一家的淳朴民风。

串亲戚 从正月初二开始，大人带上小孩，携带礼品到长辈家拜年，俗称串亲戚。串亲戚范围包括舅舅、姑姑、姨姨、叔伯等。长辈给来拜年的小孩发过年钱。

元宵节

黄岔村称元宵节为过十五，有蒸年灯、撒年灯、撒路灯、做格档龙之俗。

蒸年灯 村民将黍米面烫、蒸，做成龙、狗、鸡形面灯，称蒸年灯。龙灯搓成长条形，龙头捏上角、须，黑豆作眼、红纸作舌，身上摁出代表十二个月的灯盏坑，闰年摁十三个坑，坑内倒油，棉花做灯捻。

撒年灯 正月十五晚上将点燃的龙灯放在天地桌上，龙灯熄后，以坑内所剩灯油多少来预测当年农历各月份的降水量。狗形灯盏放在街门口，意

↑ 村民摆放在街门口的年灯

为辟邪。鸡形灯盏放在床上床下，意为吃虫蝎。还要在张贴神码的地方、各屋门口、台阶等处，放上灯盏，意为照毒虫，统称撒年灯。撒完年灯，全村小孩子可进门去“偷”年灯，谓之“投小登”，谁家的年灯被小孩偷走，寓意谁家的孩子能成才。娶新媳妇人家的年灯被小孩偷走，寓意能添丁进口。

撒路灯 每家每户都准备一碗剥好的大麻籽（蓖麻），正月十五晚上点燃，星星点点撒在村内的街巷和村外的路上，一说为已故的家亲回家引路，一说为走夜路的人们照明。现今，撒路灯用大麻籽不常见了，多以蜡烛代替。

↑ 村民在做格档龙

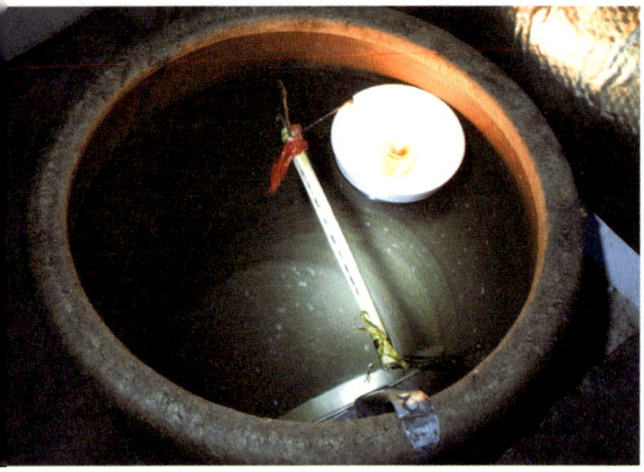

↑ 放在水瓮里的格档龙

做格档龙 取高粱秸秆一节，俗称格档，竖着从中间劈成两半，用剪子尖在一半格档瓤上均匀扎十二个眼，闰年扎十三个眼。每眼摁进一粒黄豆，一眼一豆代表一个月，从龙头到龙尾依次分为正月至腊月十二个月。扣上另一半格档，一端绑上红绳，插上小树枝作龙角，是为龙头，另一端绑上黄绳为龙尾。正月十五晚上将做好的格档龙放进盛满水的水瓮中，十六早晨起五更时取出，以黄豆浸泡后涨的程度来测试每个月的降水量，预测当年年景旱涝丰歉。据说此项风俗从张角撒豆成兵的故事演变而来。东汉末年，官军攻打黄巾军凌霄山中央寨时，张角用法术撒豆成兵马，来阻挡官军，交战激烈时，天突降暴雨，破了张角的法术，阻挡官军的兵马又变回黄豆，中央寨被攻破。后来演变成人们用黄豆验看降水量多少，逐渐积习成俗，成为黄岔村元宵节一项节俗活动，流传至今。山区历来缺水少粮，举行此项活动，表达了人们对丰收的期盼。

黄岔村元宵节的这些独有活动，体现了全村如一家、家和万事兴的民俗传统。

二月二

农历二月初二，黄岔村民有吃煎油糕的习俗。这一天民间饮食多以龙为名，以取吉利，如吃水饺叫吃“龙耳”，吃米饭叫吃“龙子”，吃馄饨叫吃“龙牙”，吃面条叫吃“龙须”“挑龙头”，吃煎油糕叫吃“龙鳞”，吃鸡蛋叫“吃龙蛋”。这一天放鞭炮叫“醒龙”。妇女忌动针线刀剪，村民有藏布条的习俗，说是避蛇，民间认为蛇即龙，寓意人们期望飞龙升天，消灭害虫，五谷丰登。

↑ 村民做龙须面

清明节

黄岔村村民在清明节进行祭祖扫墓活动，俗称上坟、烧纸。出嫁的闺女要为过世的老人准备花用的冥币、冥品等烧燎和供品，需提前几天上坟。儿孙们在清明节当天上坟、烧纸，一般在早晨日

↑ 村民清明节上坟

出前或中午以前进行。现今随着社会发展，清明节子女儿孙都相约同一天上坟，也从单一祭祀先人活动发展成亲人与先人团聚、沟通、回忆的节日，冥品也增加了印刷的超市、楼房、成衣等现代祭品。

端午节

黄岔村称端午节为过五月单五，除有包黍米粽子习俗外，主要是在家门口插艾辟邪。一年一度五月单五来临之际，各家各户采来艾蒿，或插到街门门框上，或靠着门框搁置门墩石上，寓意驱邪、避灾，可保一家人口平安，百病不生。为什么端午节街门口要插艾呢？当地流传着一段与黄巾起义有关的传说。

相传，东汉末年，官府为了瓦解黄巾军，到处在老百姓中放言：黄巾军走到哪里，就在哪里杀人放火、鸡犬不留。不明真相的百姓，闻信传言，听说黄巾军过来就拖家带口、四散逃避。一天，张角带领黄巾军路过内丘山区，碰到一位大嫂，肩上背着个大孩子，手拿艾蒿抽打一个小孩子，向深山逃跑。张角上前问明原因，原来是大嫂听信传言躲避黄巾军，肩上背着的大孩子是丈夫前妻所生，小孩子是自己亲生的，两个孩子都跑累了，她忍痛选择背起大孩子，抽打小孩子赶路。张角听罢，深受震撼，感觉这里的老百姓心地善良，舍己为人，决定黄巾军所过之处，绝不惊扰老百姓。张角随手抱起小孩子，拿起大嫂手里的艾蒿，告诉大嫂，黄巾军是仁义之师，是为穷苦的老百姓打天下的，走到哪里都是保护老百姓的，只要大嫂把艾蒿插在街门口，黄巾军就会保这一家平安。大嫂拿着艾蒿，回到村里插到自家门框上，并把这一消息悄悄告诉给左邻右舍的人家。果然，插艾蒿的人家都平平安安。这一天正巧是五月单五，从此，在端午节留下了家门口插艾的习俗，一直流传至今。

中秋节

↑ 村民祭月供品

黄岔村称中秋节为过八月十五，也有祭月、赏月、拜月、吃月饼、饮酒等习俗，但最具特色的是烙芝麻豆馅饼祭月。中秋节这一天全家人都赶回家过八月十五，设香案，摆上芝麻豆馅饼、月饼、柿子、石榴、苹果、梨、红枣、沙果、葡萄等祭品，其中芝麻豆馅饼和月饼是绝对不能少的。民间认为以月之圆兆人之团圆，分食芝麻豆馅饼和月饼寓意祈盼丰收、幸福。分食时，预先算好全家共有多少人，在家的、在外地的，都要算在一起，按人数切成块，不能切多也不能切少，大小要一样。在月下，全家人团聚拜月、吃月饼、芝麻豆馅饼、水果，回不来的家人，也借拜月寄托对故乡和亲人的思念之情。

过八月十五分食芝麻豆馅饼，在内丘民间还留下一个传说。据明崇祯十五年（1642）《内丘县志》、清康熙七年（1668）《内丘县志》、清乾隆十五年（1750）《顺德府志》、清光绪三十二年（1906）《内邱乡土志》均记载："五代汉隐帝乾祐三年（950）契丹屠内丘。"人们为了赶走契丹人，借过八月十五之机，烙芝麻豆馅饼夹藏消息相互传递，让远在外地的亲人都回家相聚，之后便在内丘留下了过八月十五烙芝麻豆馅饼相互赠送的习俗，表示平安、团圆、吉祥、幸福。现今，随着人们生活水平日益提高，过八月十五烙芝麻豆馅饼已不常做，被月饼所代替，但很多人还自己配馅打（做）月饼。

寒衣节

寒衣节即农历十月初一。我国自古以来就有新收时祭奠祖宗的习俗，以示孝敬，不忘本。农历十月初一祭祀祖先，有家祭，也有墓祭。农历十月初一，也是冬天的第一天，此后天气渐渐寒冷，人们怕在冥间的祖先缺衣少穿，因此，祭祀时除了食物、香烛、纸钱等一般供物外，还有一种不可缺少的供物——冥衣。在祭祀时，人们把冥衣焚化给祖先，叫作“送寒衣”。清康熙七年（1668）《内丘县志》记载：“十月一日祭墓，剪彩纸为衣裳，焚之，曰送寒衣。”现今，寒衣节已成为内丘祭祖上坟的传统日子。

冬至节

民间有“冬至大如年”的说法。传说，汉代张角领导的黄巾军在凌霄山中央寨驻扎，因山高气温低，天未数九士兵的双耳就被冻伤。冬至是数九的开始，恰巧这里的百姓有吃“冬至饺子夏至面”的习俗。为了与民同乐，张角准备让士兵也吃冬至饺子，驱寒的羊肉找到了，配菜却没有。当地百姓听说了，送去了各家各户收藏的萝卜条、蔓菁条、萝卜叶、白菜叶等各种干菜，干菜凑到一块正好是九种。大家七手八脚泡洗干菜、宰羊剁肉，包成了九样馅饺子。

这种饺子因采用多种干菜做馅，吃起来菜香浓郁。从此，民间留下了这一习俗。至今，黄岔村村民还有晒干菜和冬至吃九样馅饺子的习惯，村民之间也形成互送干菜、互相帮衬的习俗，也有用韭菜代替九种菜，即“韭”通“九”，包成韭菜馅冬至饺子。

↑ 村民晾晒在房檐下的干菜

腊八节

黄岔村称腊八节为过腊八日儿，也就是过年的开始。民间有童谣：“小孩小孩你甭馋，过了腊八就是年。”黄岔村在这一天有做腊八粥、谢祭、腌腊八蒜等习俗。

↓ 腊八粥食材

做腊八粥 农历腊月初七晚上开始准备，选用当地产的黄豆、黑豆、绿豆、红豆、菜豆、豇豆等豆类，芝麻、花生仁、麦仁、玉米糁、黍米、小米、高粱米等粮食类，杏仁、核桃仁、板栗仁等干果类，苹果、梨、沙果、红薯、南瓜、北瓜等瓜果类，进行筛选、挑拣、削剥、淘洗，再浸泡一夜，腊八早起细火熬煮成粥，全家人围坐在一起喝腊八粥，称小团圆饭。传说，吃腊八粥是纪念佛祖成道日。而在内丘有另一个传说，一对好吃懒做的夫妻，坐吃山空，终于有一年吃尽了父母留下的大囤小囤粮食。腊八那天早晨，被饿醒的懒夫妻把大囤小囤敲个遍，才凑到一捧杂粮，熬粥而食。二人不思悔改，这天晚上天降大雪，二人因冻饿而死。为了教育后人，人们开始在这天吃腊八粥，一直延续至今。

↑ 村民往树上抹腊八粥

谢祭 内丘百姓感谢天地万物的恩赐，在腊八节举行的一项民俗活动。俗话说："国以民为本，民以食为天，食以安为先。"这一天，人们将做好的腊八粥盛三碗先供于天地桌上，感谢天地万物馈赠的食物；再将腊八粥抹到树木和花草上，感谢树木花草结出了能让人食用的果实；还将腊八粥喂一些给猪鸡猫狗，感谢猪供给了人们肉食，鸡供给了人们肉蛋，猫帮人们捉老鼠，少糟蹋了粮食，狗给人们守护了粮食；还要拨一些腊八粥在地上供鸟雀啄食，以示人与鸟雀共享食物。人们为什么要与狗和鸟雀共享食物呢？据传，狗用尾巴从天上盗来谷种，供人们播种而成为今天人们赖以生存的谷物粮食。在内丘还有一个传说，玉帝下凡视察民情，看到人们安居乐业，就以乞丐身份试探，却发现人们不爱惜粮食，用谷物面粉烙饼给小孩做垫屁股屎布，一怒之下，把从根一直长到稍的谷穗捋成一拃长，一只瞎眼雀求玉帝留下这个谷穗。从此民间留下了“狗是忠臣”“老天爷饿不死瞎眼雀儿”的俗语。这也成为今天的谷穗状如狗尾巴、只有一拃长的来历缘由。传说故事感人，谢祭真心虔诚，表达了人们对天地万物的敬畏崇拜。

腌腊八蒜 据老年人讲，腊八蒜的蒜字和“算”字同音，各家商号要在这天拢账，把这一年的收支算出来，可以看出盈亏，其中包括外欠和外债，都要在这天算清楚，“腊八蒜”就成了“腊八算”的意思。腊八这天要债的债主，要到欠他钱的人家送信儿，该准备还钱，能还的尽量在农历腊月二十八之前还上。当地有句民谚：“二十八，贴嘎嘎，要账的人别进家。”就是说，临年傍节的，一到腊月二十八，家家户户就贴上了春联，债主就不能再登门讨账了，要让欠债人家过个安生年。现今腌腊八蒜已成为过年准备的美食，甚至已成为人们赠送的礼品，讨债之意在民间消失。

丰富多彩的民俗活动

我国的民俗活动丰富多彩，但各地有各地的不同特点。而地处深山的黄岔村，至今还保留着许多带有原始信仰的民俗节日，彰显了这片土地上那民风的淳朴、民俗的多彩。

捏老鼠嘴儿

捏老鼠嘴儿，是农历正月初九晚上的一项民俗活动。民间认为，正月初九深夜是老鼠娶亲、嫁女的日子。老鼠是十二生肖属相之首，繁殖能力极强，此时正是新旧岁时交替时刻，也是鼠类繁殖的高峰季节，人们贺老鼠娶亲、嫁女，具有除旧布新、送阴迎阳、祛灾纳吉的象征意义，更是借老鼠成亲之寓意，期盼子孙繁衍、人

↓ 捏老鼠嘴儿

↓ 村民使用的灭鼠工具——木猫

丁兴旺、后继有人、多子多福、家族兴旺，展现了人们最原始的生育崇拜。

这天，家家户户都要包饺子。包饺子时要捏紧，俗称捏老鼠嘴儿，意思是让老鼠光高兴，少祸害东西。一些老人常常还会包一些老鼠形状的饺子，有嘴、耳朵、尾巴，还用绿豆当作眼睛，以示祝贺老鼠娶媳妇。还在墙角瓮底等处及老鼠出没的地方，置放生饺子，希望老鼠来拉（拖走）生饺，取其“拉生”之寓意，即帮助放生饺子人家多拉来一些、多生育一些子嗣。正月初十早起将饺子煮熟吃掉，意为灭鼠。

烤扫把

烤扫把，即正月十二早晨，大人带着孩子一边念叨：“打、打、打旮旯，十个老鼠九个瞎，留下一个拨眼的，眼里长个萝卜花！”一边手拿着木棍敲打着可能藏老鼠的地方，土炕的炕洞里、墙角的老鼠洞里、墙根的砖缝里、木柜底下的布鞋里、牲畜棚里、柴房里、厕所里、屋子里等犄角旮旯都要敲打个遍。用家里一年积攒下的笤帚、扫帚疙瘩，打扫家里墙角、床下、粮囤间等可能藏老鼠之地，意为扫老鼠。把用过的这些笤帚、扫帚疙瘩拿到门外点燃焚烧，小孩拿鞭子甩打，意为撵走老鼠；鞭子甩的次数越多，甩得越响，表示撵的老鼠越多越远。

起五更烤杂病

起五更烤杂病，是正月十五元宵节的延续，即每年农历正月十六起五更烤柏灵火，是内丘山区人们传统习俗，黄岔村也不例

↑ 2016 年村民烤柏灵火、烧柏灵水

外。这天全村人从各自家中拿来平日修树积攒的柏枝，集中到山神土地庙前，大家一起烤柏灵火。俗话说："众人拾柴火焰高。"随着众人不断添加干柴柏枝，火焰蹿起超过房顶，伴随着柏枝燃烧的"啪啪"声，拉开了"烤杂病"的序幕。

柏枝扫身 烤杂病时人们取柏枝在火焰上方熏烤一下，一般是老人先给孩子们扫，也可大家互相扫，即从头到脚将身体全部掸拭一遍，边扫边念叨："柏枝柏，柏枝柏，扫扫身子不生灾。"连念三遍，然后把柏枝扔进火堆，寓意所有污秽和灾难都随着熊熊火光消逝。

求子嗣 黄岔村地处山区，地广人稀，在各种活动中都会表现出求子嗣的愿望。烤杂病时人们用烧枣、箅子、蒲墩、炊帚以示求子嗣的愿望，还留下俗曲："烧个枣来个小，烧个箅来个妮，烧个墩来个孙，烧个炊帚来一对。"

烤年灯 烤杂病时人们将正月十五所蒸的年灯放到柏火中烧烤，讲究用小木棒翻动年灯九十九下，等烤熟，把年灯掰成小块，大家分食，每人都要吃一点儿，寓意可以活到九十九岁，一生平安如意，不会生病。

烧柏灵水 烤杂病时人们在柏灵火上架锅吊壶烧水，谓"烧柏灵水"。取此水可饮可洗，寓意祛杂病。

烤衣服被褥 烤杂病时人们要在柏灵火上熏烤衣服被褥，特别是卧病在床的老人和不能烤火的小孩，帮其将衣服被褥抱出烤一烤，寓意祛病消灾。

烧旧鞋帽 烤杂病时人们找出旧鞋旧帽，扔进火堆中烧掉。烧旧鞋寓意“驱邪”，烧旧帽子寓意烧去一家人身上的“丑貌”（晦气）。

文艺表演 烤完杂病人们开始化妆，表演各种具有地方特色的抬箱、吹响器、打钱杆等文艺，男女老少齐上阵，大家高高兴兴，热热闹闹，欢聚一堂，这也是全村人正月里的最后一次大聚会。烤完杂病后，人们开始走出村落忙生计。

存放柏灵灰 老百姓认为柏枝柏叶含有多种药用成分，可用来驱邪治病，烤完柏灵火的柏枝灰烬也是宝贝，要好好保存起来，等到村内有丧葬出殡时，把它撒在街门口，可以防止鬼邪入侵。平时，将柏枝灰撒在磕碰伤口上用于止血。

请、送家亲

家亲，是指已故亲人，请的是三代内宗亲，不仅是长辈，平辈或后辈均应视为家亲。过年请家亲，就是把已故亲人的灵魂请回家里来一起过年。届时各家都要请天地诸神和家亲共同过节。民间认为不请神灵与家亲，不算过年。在内丘一般是农历腊月二十八至三十请家亲，正月十六或十七送家亲。

↑ 村民家宅张贴的家亲码

请家亲 请家亲有严格界定，先

在特定位置张贴诸神神灵码后，再将家亲码贴于屋门后给予供奉。所供之物讲究“神三鬼四”，即请家亲时要准备四盅酒、四盘供品，供品必须有寓意一年比一年好的年糕；烧四炷香，烧一些冥币，念叨：“老少家亲，都回来过年吧。”叩拜磕头要磕四下。家亲们请到家里来，一日三餐要供奉，来拜年的亲戚要先拜家亲，一直供奉到正月十六。

送家亲　送家亲则要在正月十六晚或十七早，即下午太阳落山之后、早晨太阳初升之前送走家亲。民间认为鬼是不能见光亮的，意思是趁着天黑赶回阴宅，也有说送家亲去赶个庙会回阴宅。送家亲时将家亲码揭下与冥币一起烧，边烧边念叨：“老少家亲，年也过完了，多给你们烧些钱，去某某地赶个会回去吧。”

请灶姑姑

请灶姑姑是内丘民间一项民俗活动。民间认为，农历正月十六晚是灶王之女下凡游玩的日子。这一天，妇女聚在厨房，先给灶王上香点烛，再用两根苇秸分别绑上硬纸剪的纸人，由两个小孩面对面双手各对握苇秸一头，随着苇秸的颤动，让两个纸人上下翻飞，左右碰撞，说是请灶姑姑下凡玩耍，可问年景收成，也可问妇女生育之事。纸人碰撞时妇女还念俗曲：“头哦对头哦收蚰哦（蝈蝈，指天旱），胳膊对胳膊收蚱蚕（指天涝），脊梁对脊梁收高粱，屁股对屁股收绿豆，肚子对肚子收黍子，巴掌对巴掌收衣裳（指棉花），膝盖对膝盖收白菜，脚尖对脚尖收白面（指小麦）。”请灶姑姑之时，十岁以下男孩可在场，十岁以上男子禁进厨房。民间认为，灶姑姑还未出嫁，羞于见男人，若男人必须进厨房，需用红布蒙脸避让。民间还认为，灶王是一家之主，主管一家生育之事，因灶王只有六个闺女，希望民间多生男孩，因而在年节祭灶时，有“多报拿弓拿箭的（指男孩），少报拿针拿线的（指女孩）”的俗曲儿。生男孩需要灶姑姑用针缝个布娃娃送到民间，因而就有了巧姑姑拙姑姑之说。从男孩的蛋包皮中缝的针脚就可分辨出来，巧姑姑缝的是对针对，左一针右一针，针脚匀实，蛋包皮中缝平展；而拙姑姑缝的是挑头针，捏住从一边缝起，蛋包皮中缝有立楞。这虽是坊间传说，但也反映了重男轻女的思想。

扛布袋

民间认为，农历正月廿五是仓官生日，为填仓日，俗称扛布袋。填仓是指农家往仓房囤子里增添粮食，是当年要在原有粮食生产的基础上，增加收成，多多增产，这寄托了人们对于来年粮食丰收的良好愿望。

传说很久以前，大地连续三年大旱，粮食颗粒无收，百姓饥寒交迫。官府不但不体恤于民，而且变本加厉征税纳赋。一位看管官仓的仓官爷爷，看在眼里，急在心上，要救民于水深火热之中，假借玉皇旨意，告诉过往百姓，正月廿五晚上到官仓取粮。当日晚，仓官爷爷开仓放粮，饥民们取走了一囤囤、一仓仓的粮食。仓官爷爷望着空空如也的官仓，知道自己难免一死，便放火烧仓，最后自己纵身投入火海。人们为纪念这位舍身为民的仓官爷爷，以自己的风俗仪式，祭祀这位不知名的仓官爷爷。从此便有了这一年一度的填仓节和仓官生日民俗节日。

这一天要给仓官摆供上香，家家都发面蒸成各种形状的面食做

↑ 祭仓官面食

供品，有盛放粮食的布袋、粮囤，有代表五谷杂粮的谷穗、麦穗、玉米、高粱等，还要蒸几个堵仓眼的圆形仓蛋，摆在仓官神帖前，以示供奉。有人还会跑功说功娱神，为新的一年带来五谷丰登、粮食满仓的企盼和祝福。而这一天出生的孩子，所取之名都与粮仓有关，至今这一带还有满仓、满囤之人名。

夸官求雨

夸官求雨，是黄岔村年年都会举办的一项民间求雨活动。

黄岔村因地处深山，石多地薄，不宜种小麦，只能种一些杂粮，收成多少也只能靠天赏赐。求雨的时间要在伏天，而且还多在二伏天进行。因为伏天是庄稼生长的关键时刻，伏天不降雨，收获也就没有希望了，所以老百姓十分形象地把它叫作“卡脖旱”。民间有句谚语：“春天旱，心里急，等着盼着挠头皮。伏里旱，了不得，打不下粮食饿肚皮。”

求雨时，要到村西南两公里的石盆垴上小白龙庙内设坛，摆供上香，打扇鼓跑功娱神，并许愿求雨。如果三天之内下不了雨，可以再续三天。若连续至半个月还是下不了雨，就举行晒龙王活动。做纸扎或柳木刻龙王像，放在太阳下暴晒。若暴晒三天还不下雨，可往暴晒的龙王像上浇油。若浇油三天还不下雨，可用鞭子逼龙王下雨，称“鞭龙王”。直至天降雨即为求雨期满。

↑ 夸官所用的木轿

下雨后要举行夸官谢神活动，前有敲锣打鼓的响器班开路，左右有旗手举彩旗护轿，中间为四人抬花木轿，内放纸扎或柳木刻龙王像，后有抬箱、打钱杆等各种文艺表演队。这支庞大的夸官队伍沿街游行，为神扬威扬名。还可到邻村去夸官游行，其间过往的路人、观看的村人随时可以加入夸官游行队伍，轮流帮抬花木轿，称为“帮功”（这里的人们仁义向善，有恩必报，天降雨人人都受益，受益之人帮忙抬龙轿，一是感谢龙王降雨，二是表达自己一份敬神心意。这也是本地的一项敬神习俗）。夸官后遂撤坛。天干旱时，人们企盼老天降雨，即设坛求雨，积久成习，逐渐演变成为村里的一项民俗活动。

随着科学知识的广泛普及和人们思想观念的不断提高，现今求雨活动已淡化，许多仪式已经消失。搭台唱戏已被放音乐代替，四人抬大木轿已被纸扎花轿代替，柳木龙王刻像已被纸帖代替，大型的夸官游行活动，也只剩下善男信女抬着纸扎轿子在庙前转几圈的简单活动，长时间摆坛求雨、晒龙王、鞭龙王已六十多年没有举行了。

别具特色的庙会与村寨俗信

黄岔村长垴庄东南角，按风水学说“二龙戏珠”吉祥之地说法，此处为“龙珠”宝地，北高南低，其上依山就势，建有老神庙群，共有6座庙殿，始建年代不详，传说与凌霄山庙宇同时修建，现存建筑根基均为汉代所建，墙体历代加固复修。20世纪70年代，庙内神像均毁，80年代后对庙群进行修复。民间称此庙群为凌霄山下庙，其布局及祭祀的神灵，与传说中的张角修庙和后人为纪念张角而建的庙群，民间俗信相同。其中，在黄岔村设老神庙庙会茶棚，抬箱、推太平车、吹响器等民间祭祀助演活动，留有汉代遗风。

老神庙庙会

老神庙，是根据凌霄山上的老神庙而在村修建的下庙，位于老神庙群北排东部，坐北面南，面阔、进深各1间。20世纪90年代，重修庙宇，重塑老神泥像。每年农历三月十五、十月十五凌霄山上老神庙庙会时，村民从三月初一至三月十五、十月初一至十月十五先到凌霄山老神庙祭拜；上岁数爬不动山的老年人，在村中老神庙上香守庙；村中还为上凌霄山赶庙会的外地香客，如临城、隆尧、任县、南河、沙河、永年等县香客设茶棚打尖休息。农历三月初九为村老神庙传统香烟庙会，

↑ 老神庙、姑姑庙与天地棚

即接老神活动，村民全部到庙上香祭拜，表演文艺节目等。

姑姑庙庙会

姑姑庙，是根据凌霄山上的皇姑庙而在村修建的下庙，位于老神庙群北排中部，东邻老神庙，西邻天地棚，坐北面南，面阔、进深各1间。20世纪90年代，重修庙宇，重塑姑姑泥像。农历三月初八、六月初六为村姑姑庙传统香烟庙会。民间认为，三月初八是姑姑出家修道日，六月初六是姑姑晒经书之日。

天地棚抢上头炷香

天地棚，位于老神庙群北排西部，东邻姑姑庙，坐北面南，面阔、进深各1间，内挂九层天地案。20世纪90年代，重修庙宇。民间认为，天是至高无上的，可以察人的善恶；地能生万物，是人们赖以生存之处。民间有句俚语：“天知地知，你知我知。”人做任何事都瞒不过天地，因此天地成为民间最高之神。在黄岔村，年年拜神要先拜天地，年三十和大年初一，家家户户都要到天地棚抢上头炷香，预示新的一年吉祥安康。

玉皇庙庙会

玉皇庙，是根据凌霄山上的玉皇庙而在村修建的下庙，位于老神庙群中排，坐东面西，面阔2间，进深1间。20世纪90年代，重修庙宇，内摆放供案挂玉皇像。农历正月初

↑ 玉皇庙内挂像

九为村玉皇庙香烟庙会，民间认为，这一天是玉皇开印日，人们会做纸印、玉皇衣袍加以供奉，预示能高官厚禄，出人头地。

↑ 土地庙

土地庙庙会

土地庙，位于老神庙群南排，东邻山神土地庙，坐北面南，进深1间，内塑土地像。据村民传说，黄岔村先建土地庙，后建村，村土地庙祭祀早于凌霄山上的庙宇祭祀。农历二月初一为村土地庙香烟庙会，民间认为农历二月二是土地的生日，要提前为土地爷做寿，家家户户都备纸蜡香烛到庙上香，祈求家宅平安，添丁进口，六畜兴旺。

↑ 2017 年山神土地庙庙会民俗活动——抬箱

山神土地庙庙会

山神土地庙，位于老神庙群南排，坐北面南，进深1间，内张贴山神土地神码。据村民传说，黄岔村山神土地庙祭祀早于凌霄山上的庙宇祭祀。民间认为山神既管山，也管山上所产之物，那危及人的豺狼虎豹都受山神土地差遣，因而山神土地被人们奉为保护神加以崇拜。农历二月初一为村山神土地庙香烟庙会，民间认为这一天是山神土地的诞辰。黄岔村山多地少，山是村民赖以生存之地，每年敬山神土地都会举行文艺会演。

↑ 2016年老母庙庙会民俗活动——扭秧歌

老母庙庙会

老母庙，位于村北2公里，坐南面北，进深1间，内泥塑南海老母像。南海老母在释为佛，在道为神，是释道共同敬重的慈悲化身。在内丘农村，“老母”是孩子的保护神，几乎家家都供奉老母神码。农历二月十九为村老母庙庙会，民间认为这一天是老母的诞辰，村民有到老母庙求娃娃、还娃娃之俗。

龙王庙庙会

龙王庙，位于黄岔村西南2公里石盆垴，垴上有三个存水的石洞，建有龙王庙，又称孟山大王庙，庙内泥塑小白龙。

农历六月十三是村龙王庙香烟庙会，民间认为这一天是龙王行雨之日。黄岔村山多地薄，靠天吃饭，因此村民有祭拜龙王夸官求雨的习俗。

传说，石盆垴上，住着一个小白龙。小白龙在此化作三个长虫（蛇），掌管这一方降雨，每年小满和伏天可到石盆垴求雨。哪个方向缺水了，求雨人就带着香蜡纸张、供品，在石洞前祷告焚烧，用葫芦瓢从石洞内舀水泼向哪个方向，哪个方向就下雨，可灵了。后来，人们就在山上盖了龙王庙供奉小白龙。

祭龙王、拜龙王这种古老的民间习俗在这里延续了千年之久，这已不仅是为了祈求龙王喜降甘霖以保人寿年丰，也充分体现了人们对美好生活的追求与向往。

家宅之神俗信

↑ 村民张贴在窗台上的房仙、场神、路神、井神神码

黄岔村不但有庙宇之神俗信，还有家宅之神俗信。“内丘神码”被誉为中国木版年画活化石，内丘神码之所以能以“活态”“生存”，农村家宅之神俗信是其滋生的土壤。年年春节，人们将神码张贴在院里院外、屋里屋外特设的神龛内，张贴在附有神祇职能的门上、树上、畜禽窝圈上、生产生活用具上，还张贴在神堂庙殿内等处，不但给予供奉，还要说曲娱神。在家宅内，对车神供奉较多，初一、十五都会为车神上香点烛，这也是因山区路险，人们为避险的一种心理。村内的家宅俗信活动，体现了村民对自然万物的原始崇拜。

↑ 土神神码

↑ 中梁祖（梁神）神码

↑ 白虎（磨神）神码

↑ 青龙（碾神）神码

↑ 喜神神码

↑ 场神神码

村民张贴在影壁墙土地神龛内的镇宅土地神码

村民张贴在井架上的井神神码

村民张贴在摩托车、汽车上的车神神码

村民张贴在猪圈上的猪神神码

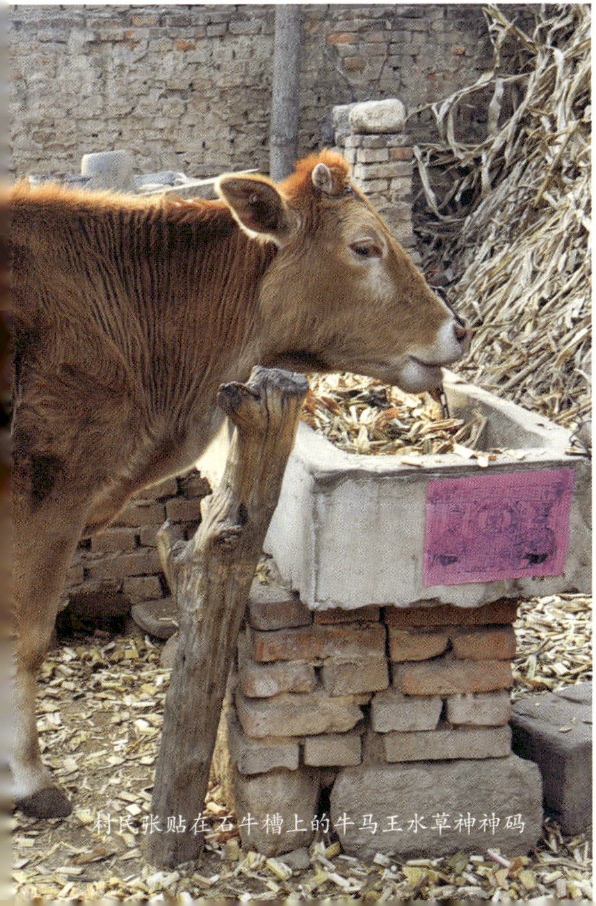

村民张贴在石牛槽上的牛马王水草神神码

村民张贴在内屋墙上的老母和八仙神码

中国民间文化遗产抢救工程

THE PROJECT TO CHINESE FOLK CULTURAL HERITAGES

俗话说：“一方水土养一方人，一方山水有一方风情。”不同地域上的人，由于自然环境不同、生存方式不同、地理气候不同、思想观念不同、人文历史不同、为人处世不同，文化性格特征也不同。黄岔村地处太行深山，交通不便，因而形成了自己独有的地方乡土文化。这里有独具特色、异彩纷呈的民间乡艺，这里有婚丧嫁娶、多姿多彩的人生礼俗，这里有地域特色、广泛流传的民间故事。

↓ 拉禄碡

第五章
乡土文化

↓ 挑担子

异彩纷呈的民间文艺

传统的民间音乐、舞蹈、小戏、武术等文艺，是民族民间文化的重要组成部分，是非物质文化遗产的重要表现形式。太行深处的汉代古寨黄岔村，其传统文艺有的来自汉代黄巾起义，有的来自人们日常生活。独具传统特色的内丘中岩山黄巾乐调（吹响器）、抬杠箱、挑担子、拉碌碡、推太平车、打钱杆、跑驴以及扇子舞、扭秧歌、玩大头、二鬼摔跤、猪八戒背媳妇、广场舞等文艺节目，风格各异，表演形式丰富多彩，节奏活泼明快，是婚丧嫁娶、节庆庙会必不可少的一项活动，也是老百姓自己的“文化盛宴”，他们以集中展演和沿街巡演的方式，将传统民俗与现代表演完美结合，村民精神抖擞，纷纷登场献艺，拿出自己的绝活，亮出自己的招牌，竞相斗艳，引来人们阵阵欢呼。

中岩山黄巾乐调（吹响器）

吹响器，俗称响器班，是以吹唢呐为主的吹、奏、敲、打乐器节目，是农村婚丧嫁娶必不可少的一项娱乐活动。乐器主要有唢呐、板胡、二胡、三弦、琵琶、铙钹、梆子、小锣、笙、锣、鼓、笛等；人物主要有老生、小生、老旦、花旦、净、末、丑七种角色。相比中国戏曲节目中的吹拉弹唱专业表演，民间称其为草台班子、乱碰班子、乱凑班子，指弹奏乐器有三四人、扮演角色有两三人即可组班表演。说唱打念要求也不严格，剧目多以诙谐有趣内容为主。

黄岔村吹响器班子，据说来源于汉代黄巾军所吹奏的太平道乐，也称内丘中岩山黄巾乐调。民间传说，汉代张角在黄岔村南凌霄山一带传教太平道，收信众，设三十六方，准备发动黄巾起义。正巧黄岔村有一村民娶亲，路过黄巾军关卡，张角为了安抚百姓，派信徒吹奏太平道乐，在花轿上插艾为记，传令一路护送放行，将新娘安全送到新郎家。从此在黄岔村及周围一带，留下结婚娶亲要向女方索要艾草、吹太平道乐的习俗，后演变成内丘中岩山黄巾乐调，又称吹响器。

↑ 黄岔村吹响器班子

黄岔村吹响器班子，是由村内喜爱器乐、粗通乐谱的一班人组成的，他们农忙务农，农闲练曲，一旦谁家有事，临时组队，随请随到。最小的响器班子，三五人就可组成，一人锣鼓，一人铜钹，一人唢呐，一声揪心的长调，这就开始了。除在本村婚丧嫁娶、节庆庙会进行表演外，还到邻近村演出，随着社会需求越来越多，许多村也逐渐成立了吹响器班子，传遍全县，逐步流传开来。

2017年5月，黄岔村的内丘中岩山黄巾乐调被列入内丘县第四批县级非物质文化遗产名录项目。

抬杠箱

抬杠箱，属青壮年表演的民间文艺活动，就是由两人抬着，内部装着“五谷杂粮”的一种独杆小轿子。最早选用实木做成轿箱，箱内装五谷，需两个壮劳力抬着。在抬的过程中，两人要踩着锣鼓点，边走边扭进行精彩而熟练的表演，不准用手，轿杆在两人的脖子、肩膀、脊背、胸前各处灵活的移动。可以面对面用脖子“绕脖”抬，前后撵用肩膀“追赶”抬，背对背用脊背“分道”抬，脸对脸用胸“顶牛”抬。沿街转场子时，有“前行后倒”“前蹲后仰”等表演形式。抬杠箱较费体力，中间可以换人分班轮流抬。

相传，东汉末年张角领导的黄巾军在凌霄山上和汉军展开激战，黄岔村一带的村民，用杠抬着装满粮食的木箱给黄巾军送军

↓ 抬杠箱

粮。后来这一活动形式流传于民间，成为今天黄岔村一带祭祀张角的民间文艺活动。

抬杠箱表演，因杠箱沉重，只有壮劳力能抬动，不利于众人参与。后经演变，木质的小轿、杠箱换成布做纸扎，四面绘上梅兰竹菊和石榴、寿桃、葡萄、佛手“四花四果”及葫芦、团扇、宝剑、莲花、花篮、鱼鼓、横笛、阴阳板“暗八仙”图案。布做纸扎的杠箱小巧玲珑、漂亮轻盈，男女老少均可抬演。不受人数限制，可单组、双组、多组表演。

抬杠箱是黄岔村庙会一项必不可少的文艺活动，每年农历三月十五、十月十五老神庙庙会时，村民都要化装成黄巾军，头扎黄巾、身穿黄衣进行表演。特别是在转街时，看热闹的群众、过路的行人、赶庙会的香客都可抬一段过把瘾。

2017年5月，黄岔村的抬杠箱被列入内丘县第四批县级非物质文化遗产名录项目。

挑担子

挑担子，属妇女表演的民间文艺活动，就是由单人用扁担挑着筐或桶或柴，边走边扭进行表演。最早时还挑过小孩，寓意童男童女，是村民在祭祀山神土地时进行的一项民间表演活动。

挑担子表演时，要低头挺脖、快步紧走，边走边闪；扁担绕脖颈旋转，从左肩换到右肩，换肩时要做闪担、扇凉等动作。

挑担子民间文艺活动，来源于山区人们日常生活当中。因当地山高路岖，不适合车行马走，平时人们运粮、担柴、挑水都靠肩膀挑担子运送。为酬谢山和土地给予了人们赖以生存之地，将寓意庆丰收的挑担子表演，作为山神土地的娱神活动。

相传，东汉末年张角领导的黄巾军在凌霄山上和汉军展开激战，黄岔村一带的村民，男抬箱女挑担给黄巾军送军粮。后来挑担子活动流传于民间，成为今天黄岔村一带祭祀张角和山神土地的民间文艺活动。

↑ 挑担子

挑担子表演活动，从挑实物筐、柴、木桶，已演变成布做纸扎的桶、筐。表演者多为男人，着装滑稽，多化装为小脚老太太，一手持长烟袋，一肩挑担子，头挽牛粪簪，脸画撅撅蝎子，耳挂红尖椒。表演时，时而脚跟叠步，时而前仰后合，时而左摇右摆，脚步灵活、动作敏捷，身子扭动、轻巧柔韧，高超的技巧、滑稽的动作，不断引人开怀大笑。

打钱杆

打钱杆，属少年表演的民间文艺活动，钱杆选用五尺长木棍，两头绑红缨和铜钱（或铃铛），中间缠红、绿、黄布条装饰。表演时边走边按八拍节奏，手舞钱杆，不停地击打自己的头、肩、胸、臂、背、膝、腿、足等身体各部位，然后队伍交换队形变成两排，互相击打。钱杆发出铿锵有力的撞击声，铜钱和铃铛发出悦耳动听的碰击声。动作整齐、轻盈，充分表现出孩子们天真活泼、机灵好动的本性。

↑ 打钱杆

民间传说，打钱杆起源于汉代张角领导的黄巾军为训练少年兵士所编演的棍棒击打制敌之术。此后流传民间，经历代演变，成为今天黄岔村健身强体、民间娱乐的“打钱杆”活动。

现在，打钱杆不受场地限制，室内室外均可表演。不受年龄限制，男女老少均可练习。不受人数限制，单人、双人、多人都可参加。

打钱杆文艺活动，随着时代发展逐渐发生演变，表演形式不断创新，有高抛低挑、上下翻飞、左右旋转的“锦鸡展翅”“嫦娥奔月”“仙人指路”“二郎担山”“明月戏蝉”“鹞子翻身”“金蛇盘身”等各种花样动作以达到锻炼身体的目的。

拉碌碡

↑ 拉碌碡

拉碌碡，表现的是山区农耕社会一种真实劳动场面。庄稼收割后，要拉到场（平坦的空地，多用来翻晒粮食，碾轧谷物）碾轧，山区山多地少，路窄场小，不便于使用牲口，全靠人力拉碌碡轧场。

拉碌碡表演是一项带有生活趣味、展示全村大家庭男女老幼都要参与的一种原生态娱乐活动形式。人员多时可达十几人，扮演者扮成拉碌碡的公爹，甩鞭子的儿媳，抱着枕头或瓜为孩子的婆婆，挑担子的儿子，拿扫帚的小姑子，拄拐棍的老寿星，扛钉耙的猪八戒，还有举鸟笼、提粪叉、端簸箕、叼烟袋的前来帮忙的七大姑八大姨。演出时，通过逗、闹、耍、贫等表演形式，诉说老人溺爱孩子、子女不敬老人、邻里不和、不务正业等故事情节，表现其造成的不良后果。语言火辣放浪，场面滑稽可笑，在娱乐中起到了教育人的作用。

多年以来，黄岔村村民一直把拉碌碡表演活动，作为酬谢山神土地的娱神节目。

推太平车

推太平车，是从生活中提炼出来的一种娱乐表演形式，寓意夫妻二人共同合作的劳动场面，由两人表演。太平车制作，是用圆木作独轮，两根木棍作车架，红布条一头绑系车架，一头套系

↓ 推太平车

在前面女舞者的腰间，好像坐车的样子，有的还在腰前车架上安两条盘起的假腿，很像一个姑娘盘脚坐在车子上。男舞者一般为庄稼汉打扮，在后面模仿推独轮车的动作，和前面女舞者配合，翩翩起舞。随着锣鼓点扭动腰肢，身子摆动，脚步灵活，表情丰富，舞姿优美。

黄岔村山高路远，交通不便，独轮车是这里最实用的交通工具，夫妻二人进山劳作，出门赶庙会、走亲戚，习惯推车而行。路上，男推车女坐车，是丈夫疼爱妻子最含蓄常见的一种表现。因而推太平车也成为黄岔村村民最喜爱表演的一种娱乐活动。

跑驴

跑驴，是一人执驴形道具扮骑驴妇女，另一人扮赶驴人的双人舞蹈，属青年男女表演的民间文艺活动。跑驴中的驴形道具用竹、

↓ 跑驴

纸、布扎成前后两截，下面用布围住。表演者多扮成农村少妇，把驴形道具系在腰间。上身做骑驴状，以腰为中心，左右小晃身，下身用颤抖的小步蹭动，模拟驴的跑、颠、跳、踢、惊、犟等动作和神态。表演者上下身动作的强弱、大小、高低要相呼应，并与另一扮演赶驴的人相配合。跑驴一般都是表现一对农村新婚夫妻在回娘家的路上，过沟、爬坡、驴惊、抢救等经过，有说有唱有舞，诙谐风趣。

跑驴主要伴奏乐器有唢呐、小鼓、大钹和小钹等，乐曲常选用唢呐曲《满堂红》。

骑驴女角色舞蹈动作有平闪步、上山步、下山步、跑驴步、惊驴跳、大跑步、过河步等。赶驴男角色舞蹈动作有横扭步、小跑步、后踢步、踢驴步、抬驴步、赶驴、牵驴、坐驴、追驴等。

跑驴是中国北方地区的汉族民间舞蹈，起源年代不可考。黄岔村因地处深山区，山高路远，比较封闭，毛驴温顺、易养，是村民的主要畜力，也是主要交通工具，驮人、驮东西、拉磨都离不开毛驴，毛驴几乎成为家庭的一员。跑驴也是黄岔村村民的真实生活写照，何时传入该村，无可考证。在表演时，还会加上一些本地的诙谐笑话，如错抱枕头当孩子的笑话故事《粗心媳妇回娘家》，新媳妇教不善言辞的丈夫学礼俗用语的笑话故事《新女婿说打锅话》《憨女婿走丈人》等。跑驴表演常常引起人们开怀大笑，也是黄岔村村民的娱神节目。

多姿多彩的生活礼俗

我国素有“礼仪之邦”之称。古书《中庸》有：“优优大哉，礼仪三百，威仪三千，待其人而后行。”《礼记·经解》有：“故朝觐之礼，所以明君臣之义也；聘问之礼，所以使诸侯相尊敬也；丧祭之礼，所以明臣子之恩也；乡饮酒之礼，所以明长幼之序也；婚姻之礼，所以明男女之别也。”传统礼俗中，影响最大的莫过于生育礼俗、婚嫁礼俗、丧葬礼俗等。

生育礼俗

生儿育女是繁衍子孙后代维系宗族的头等大事，历来受到人们的重视。从怀孕到降生，到满月、百日、周岁、过生日，人们总是想方设法举办各种礼仪活动祈求保佑，希望能够早得贵子，孩子出生以后，能够健康成长。黄岔村地处深山，人口稀少，对生育的崇拜由来已久。

原始生育崇拜习俗 在建筑上，黄岔村街门楼的砖雕、木刻、家具彩绘雕刻多有鱼、葡萄、莲蓬、老鼠偷葡萄等；在内室挨炕之墙贴胖娃娃抱鱼、胖娃娃举莲蓬画，窗贴剪纸石榴，中堂挂松柏画，民间认为鱼、葡萄、莲蓬、石榴、松柏、老鼠皆多子，借其寓意，可多子多孙。

↑ 宅门上的葡萄木雕

拴娃娃习俗 旧时，人们均以早立子为荣，“不孝有三，无后为大”。已婚女人多年不孕，就会到凌霄山立石窑拜阴阳石，到村送子奶奶庙、老母庙拴娃娃，用红绳套在庙内娃娃山上泥娃娃脖子上，祝祷一番，将红绳解下带回家，压在炕席下，称“拴娃娃”“寄娃娃”。如果生了孩子，要回庙里上供还愿。即用白布缝成布娃娃，再用燃过的香黑画上五官，每年到庙摆供上香，焚烧一个布娃娃，称“还娃娃”，一直还到小孩十二周岁。也有用纸做娃娃，第一个做成红纸血娃娃，其他十二个做成红裤绿褂纸娃娃，在孩子十二周岁时，一次摆供上香焚烧。还有在孩子十二周岁时，身上十字披红戴花，头戴礼帽，鬓插花翎到庙还愿，也称“圆锁”。

孕妇禁忌习俗 怀孕，民间称得喜、有喜，称妊娠反应为害喜。孕妇忌讳吃兔肉，以免婴儿有兔唇；忌食姜，以免婴儿多指；不宜参加婚礼，更不能迎接结婚的礼车，以免“喜上冲喜”危及母子；不能观看丧礼，防止邪气冲煞；不到坟场等地，防阴气、秽气入侵滑胎；孕妇睡房忌挂丑陋、凶猛的人像、动物画像，怕常看会“换胎”。

小孩降生习俗 民间称为“添喜”。生男谓“大喜”，生女谓“小喜”。生男孩，要在临街的大门上挂弓箭；生女孩，挂红布。据说这和黄巾军有关。黄巾军中央寨屯兵于凌霄山，为赢得周围村庄村民支持，无论是婚丧嫁娶，还是添丁进口，都要送份厚礼。于是形成了谁家生了小孩，就在门口挂弓箭和红布的习俗，同时附带铜钱、大蒜、红枣、栗子、花生、葱等物件，寓意孩子将来能打会算、早生贵子、聪明多财等。现今简化为在街门门搭吊或拉手上绑红布条的习俗。

报喜习俗 婴儿出生后三天之内，婆家要蒸一碗小米干饭，干饭上盖一张中间咬一口的烙饼，寓意添丁进口。并放进扤篮内，要向产妇的娘家报喜。扤篮放在正房屋方桌上寓意男孩，扤篮放在锅头角寓意女孩。也有在篮子内放一本书表示男孩，放一朵花表示女孩。娘家随后派人前来道喜，俗称“送衣饭”。所谓“送衣饭”就是姥姥家接到喜讯后，打发孩子的舅舅们给新生儿和产妇送去添丁进口所需要的衣物和食品。所送食品包括鸡蛋、小米、面粉、红糖、鸡、肉、点心等，主要是给产妇补身子的，多少不限。所送衣物包括孩子的裤褂、鞋帽、包被、褥子、玩具、尿布、围嘴等。产妇母亲要在三天、八天去婆婆家慰问闺女，俗称“看闺女”。

过十二天习俗 婴儿降生十二天，俗称“过十二天”。这一天要设酒席宴请宾客，还要以红鸡蛋作为回礼，以表谢意。有的人家也有过满月、过百天的习俗。

↑ 村民家添子过十二天

住满月习俗 婴儿降生一个月，产妇要带着婴儿到姥姥家住满月，俗称“挪挪窝”“住姥姥”。这时产妇结束坐月子的生活，可以正常干活了，婴儿也可抱出去玩耍。产妇去娘家前要给公婆磕头，以谢公婆在自己坐月子期间对自己的照顾。民间认为，产妇为污血之人，身上不洁净，还要在井台、灶间等处烧一些纸钱，告慰各路神仙脏污他们所占之地。婴儿去姥姥家时，额头由奶奶抹黑，到姥姥家时，姥姥要擦掉，口念“奶奶抹姥姥擦，能活八十八”；返回奶奶家时，姥姥在婴儿额头点红，奶奶洗去，口念“姥姥点，奶奶洗，越长越出息”等，都是一些祝福之言。

铰满月头习俗 小孩满月当天，姥姥拿着剪刀在孩子的头边象征性地铰几下。若是为男孩铰头，则口念“前三后四，识文解字”，希望孩子长大后知书达理；若是为女孩铰头，则口念“前七后八，描云插花”，希望孩子将来心灵手巧。也有奶奶为孩子铰“胎毛”的，还会把胎毛用线织成圆扣，戴在手腕上，寓意“扣住”。

小孩穿衣习俗 讲究先穿青后穿红，还要穿虎头鞋。民间认为，一身“青”表示清白，一身“红”代表状元，寓意清白做人，长大成才。穿虎头鞋，寓意辟邪。这一习俗来源于内丘一个传说，晋代郭巨埋儿奉母得黄金，郭母曾做虎头鞋为孙子压惊，后郭巨的儿子考中状元，民间就留下了小孩穿虎头鞋和青、红衣服能辟邪、成才的说法。这些衣服还要求姑姑、姨姨、姥姥、妗妗来做，俗语称：“姑姑帽，姨姨衣，小孩活到九十七。”“妗妗做鞋姥姥绣，小孩能活九十六。”

孩子娇养习俗 多为男孩，一是夫妇俩结婚多年，女方一直没有怀孕，等到双方年龄稍大后，中年得子。二是夫妇连续生了几胎女孩，喜得贵子。三是父辈以上几代单传。四是生了多胎，没有保住，后来生了男孩。这样人家的孩子要娇养。娇养主要表现在：一是脑后留小辫子，俗语称：“脑袋窝里留一绺，一活活到九十九。若是阎王来家叫，俺的胎毛还没掉。”虚岁十三时可铰掉，表示已成人。二是戴铜制或银质“长命锁”，寓意将孩子锁住，并保佑他健康成长，一直戴到虚岁十三或结婚之时。三是认干亲，有认干爹干娘转移命相，有拜结义兄弟借人气，也有出门撞名起个贱名，认为好养，意思都是把孩子留住。

去惊去邪习俗 旧时，若婴儿夜啼日睡，家人认为孩子睡反觉，采取的办法是在村口大树上贴一个帖子，上写："天皇皇，地皇皇，俺家有个夜哭郎，过路君子念三遍，一睡睡到大天亮。"若婴儿生病或受了惊吓神志不清时，家人认为孩子丢了魂，采取的办法：一是将孩子的一双鞋放在灶王爷的神龛里，孩子的奶奶或娘拿着另一双鞋站在街门口，边拍打鞋边喊："某某，回家穿鞋来！"二是孩子的奶奶或娘，将孩子的棉上衣盖在一把扫帚上，在夜深人静时到大街和村外的路上或孩子受了惊吓的地方，边拖拉扫帚边念叨"某某，回家穿袄来！"回到家将棉袄盖在孩子身上，路上扫帚拖拉的印痕不许人踩，以防被叫回的魂再次丢掉。

抓周习俗 婴儿出生满一年，即周岁，俗称一生日，这天需要庆贺，同时举行抓周仪式，以预测孩子的未来，寄托长辈对下一代的希望。抓周的物品多为纸、笔、算盘、刀、枪、印、纸做的生产工具等，一般放在矮桌或笸箩内让孩子随意抓。比如，孩子抓纸或笔暗喻将来喜欢读书；抓到印，预示着将来做官；抓到算盘，预示将来经商；抓到生产工具，预示将来种地耕田……无论抓到什么，大人都会借题发挥，夸耀孩子聪明伶俐。

↑ 抓周

总之，民间各种生育礼俗中无不贯穿吉祥的用意，饱含着对多子多福、儿孙满堂理想的追求。伴随着科学知识的普及及医疗条件的改善，一些生育习俗逐渐淡化，但也有一些生育礼俗被传承下来，其吉祥祝福意味更加浓郁。

婚嫁礼俗

俗语有“男大当婚，女大当嫁”。婚姻是人类繁衍的一种最基本的、独有的形式，它承受并发展了人类祖先赋予它的文化意义，并在人类发展的历史长河中逐渐习俗化、理性化、社会化和规范化。

内丘县各地婚嫁礼俗大同小异。民间传统婚嫁礼俗主要分为订婚、娶亲、回门三大程序。

订婚习俗 订婚习俗包括提亲、相亲、合婚、订亲、择吉、送娶帖、下聘礼、男方布新房做棉被、女方备嫁妆、下请帖等。

娶亲习俗 娶亲习俗包括请吉祥人（女娶媒客、女送媒客、男拉红毡）、探路、盘大锅灶、备酒席、使响器、装枕头、压炕、敬天地、请宅神、请家亲、放发家饼、贴婚对、贴双喜字、净路、送食箩、抬嫁妆、送催嫁衣蒙脸红、要平安富贵、叠婚被、撒喜帐、净婚房、新郎跪天地、跪家亲、跪父母、娶媒客照轿扫轿、鸣炮迎娶、女方沐浴、吃离娘饭、备随身饭、盘头、绞脸、净衣物、换嫁衣、戴铜镜、揣历书、盖蒙脸红、哭嫁、送媒客照轿扫轿、上轿、拉红毡、接轿、送包袱、送嫁妆、要年糕、下轿、放下轿炮、躲防神、迈火盆、铺布袋、

↑ 吃喜宴

抱梐子、过马鞍、拜天地、射箭、新娘入洞房、藏嫁鞋、摘铜镜、压历书、揭蒙脸红、吃婆家饭、待客、敬酒、闹公婆、送亲戚、放崩娘家炮、闹洞房、缝被角掏枕头、喝交杯酒、吃生饭、扫炕、铺炕、点长明灯、听房等。

回门习俗 回门习俗包括去女方家认亲、包辣椒饺子、闹新郎、过三日儿、叫闺女、婆婆放假、接媳妇、送篮子等，婚嫁仪式结束。

黄岔村地处深山，婚俗中融进了许多求子、求吉辟邪习俗，充分体现了婚姻中的子嗣观念和对新人的美好祝愿。

与求子有关的婚俗 有装枕头、压炕、叠婚被、撒喜帐、娶媒客照轿扫轿、送媒客照轿扫轿、送包袱、铺布袋、抱梐子、缝被角掏枕头、吃生饭、扫炕等。

装枕头，是指婚礼举行的前一天晚上，需老大伯子（新娘对新郎哥哥的称呼）为新婚夫妇装枕头，枕头内要塞上两双筷子，民间寓意成双成对，快快生子。

压炕，是指婚礼举行的前一天晚上，老公公（新娘对新郎父亲的称呼）要在婚床上睡一睡，民间寓意压子孙。

叠婚被，是指由娶媒客和一位与新郎新娘属相相合、儿女双全、父母公婆丈夫健在的长辈“全福人”来一起叠婚被，讲究叠被不露四边，整齐平坦，每床被子内要放上两个生的枣、花生、桂圆、栗子，民间寓意成双成对、姻缘美满、四平八稳、早生贵子。

撒喜帐，是指由一位与新郎新娘属相相合、儿女双全、父母公婆丈夫健在的同辈嫂嫂“全福人”将生的枣、花生、桂圆、栗子撒在床上，现也有摆成“早生贵子”汉字或心形图案，民间寓意早生

↑ 撒喜帐

贵子、早立子、心心相印。

娶媒客照轿扫轿，是指花轿起轿前，要由娶媒客端起男方老母桌上内放红蜡烛、五色线、六子笤帚的托盘，用蜡烛在花轿内照三下，用六子笤帚在座位上扫三下，笤帚要靠在街门后，“六子”谐音“留子”，五色线代表五行，民间寓意照邪气、扫不吉，多留子孙、多留后。

送媒客照轿扫轿，是指新娘上轿前，要由送媒客端起女方老母桌上内放红蜡烛、五色线、六子笤帚的托盘，用蜡烛在花轿内照三下，用六子笤帚在座位上扫三下，笤帚要扔到房顶上，民间寓意照邪气、扫不吉，多留子孙，不走回头路，婚姻美满。

送包袱，是指由女方找两个属相相合的童男童女，抱着内包新娘新鞋新衣的两个包袱，包袱四角要绾成活结，跟随新娘送到新郎家，民间借意保送男孩女娃，和和气气过日子。

↑ 铺布袋习俗已被走红毯代替

铺布袋，是指新娘下轿时，新郎家要准备几条布袋，铺在轿口，新娘一下轿，就踩在布袋上。随着新娘缓缓行进，有人将其身后的布袋放到前方，这样一袋一袋一直循环到天地桌前。拜天地时要站在布袋上进行。“传袋”谐音“传代”，民间寓意子孙代代，延绵不绝。现今铺布袋已由铺红地毯替代。

抱柽子，是指新娘进了婆家院门要抱一抱柽子。柽子是织布所用的一种工具，“柽”谐音“生”，民间借意保生子。

缝被角掏枕头，是指新娘入洞房后，要把枕头和被子内寓意早生子的筷子、枣、花生、桂圆、栗子掏出来，缝好枕头和被角。掏谐音“淘”，缝谐音“奉”，民间借意淘要孩子、奉婚生子。

吃生饭，是指新郎新娘在新婚之夜，婆婆要将新娘从娘家带来的随身饭饺子煮个半生不熟，让嫂子端给一对新人吃，还要问：“生不生？”二人回答“生”或“不熟”，都是生之意，民间借意生子。

扫炕，是指新婚夜，新人安寝之前，新郎的妹妹或嫂子、大娘、婶子手拿六子笤帚为新婚夫妇扫炕，口中还念念有词：“新夫妇，睡新炕，新媳妇生个状元郎。”“一扫金，二扫银，扫的儿孙满炕滚。”要连扫三遍，将笤帚把朝上靠在床边，民间寓意生个带把儿的小子。

与求吉避凶有关的婚俗 有请算命先生看生辰合八字的合婚、择吉，请父母、子女、丈夫皆有的全福“吉祥人”（女娶媒客、女送媒客、男拉红毡），花轿不走重路即不走回头路的探路，驱鬼辟邪的敬天地、请宅神、请家亲、净路、净婚房、净衣物、戴铜镜、揣历书、要年糕、躲防神、射箭等，轿子路过庙宇、祠堂、坟场、井河、桥梁时要用红毡象征性地遮挡一下，以防邪气入侵的拉红毡，求富贵平安的放发家饼、送食箩、要平安富贵、迈火盆、过马鞍等。

与黄巾军故事有关的婚俗 张角在凌霄山建立中央寨创建太平道，传教时，遇到民家娶亲，过黄巾军关卡被查，张角传令以插艾为记号，击打太平道乐相送，将新娘安全送到新郎家。从此演变成今天结婚吹使响器、要平安富贵（娶媒客在花轿起轿前，先到女方家送催嫁衣，同时向女方索要寓意平安的艾草、白头到老的白线穗子、新娘聪明伶俐的大葱、家规严厉的食盐，以及表示新娘会持家理财的发家饼）的婚俗。

丧葬习俗

内丘县民间传统丧葬礼俗主要分为停尸、办丧事、装殓、出殡、下葬五大程序。丧期分排三、排五、排七等。

停尸包括穿寿衣、通知本家人、搭草铺、铺杆草、铺金布、摆木枕、摆脚踏板、噙口钱、手握金银、袖放饼、袖揣麸子、怀揣金银纸和子香、扎袖口、绑脚绳、抬尸体、过梁、锯梁、卧草铺、铺下放枕头、盖蒙脸草纸、盖蒙脸白布、盖银布、请家亲、摆灵灯、裂孝布、报庙、守灵等。

办丧事包括找撺忙人、安排办丧事、报丧、安锅灶、挂门头幡、备棺材、备老盆、备纸扎、备孝布、烧全纸、持哭丧棒送魂、送盘缠等。

↑ 丧葬吹响器

装殓包括撒垫背钱、入殓、净面、放殉葬品、搁鸡枕、封口等。

出殡包括打墓、使响器、搭灵棚、移灵、摆供、戴孝、吊孝、谢挂帐、起灵、摔老盆、打幡、驾灵、抬灵、哭丧、谢孝、刨根、烧枕头草等。

下葬包括上坟、入葬、收头披挂、调向、放遗饭钵、孝子封土、点水、撒五谷、转坟、摆放纸扎、翻刀撒馍、拆孝、吉利净宅、谢乡亲、分子孙包等，丧葬礼俗结束。

埋葬后还有圆坟、烧七纸、百天、周年等习俗。

黄岔村地处深山，丧俗中融进了许多求子、求吉纳福习俗，充分体现了丧葬中的子嗣观念和祈求富贵的美好愿望。

与求子有关的习俗 噙口钱、净面、戴孝、分子孙包等。

与祈求富贵有关的习俗 撒垫背钱、摔老盆、收头披挂、点水、撒五谷等。

与避凶有关的习俗 手握金银、袖放饼、袖揣麸子、怀揣金银纸和子香、扎袖口、绑脚绳、过梁、锯梁、请家亲、报庙、守灵、烧全纸、持哭丧棒、送魂、送盘缠、搁鸡枕、刨根、烧枕头草、翻刀撒馍、吉利净宅等。

中华人民共和国成立后提倡丧

↑ 缝有籽棉花（寓意留子孙）的孝帽

↑ 抬灵

↑ 吉利净宅

事从简，形成新风尚、新习俗，火葬在农村开始逐渐推广。

↑ 建筑中的干垒墙

盖房习俗

黄岔村过去盖房，是用石头砌起来的干垒墙。选用石料就地取材，有山上的自然石、河里的鹅卵石，不经任何加工，不用任何黏合剂，干垒而成。因石料不规则，所垒墙体厚达一米之多，屋内冬暖夏凉。

传说，这种房屋建筑形式，来源于汉代张角领导的黄巾军在凌霄山上所建的中央寨寨墙，墙体宽厚结实，不易坍塌、经久耐用。

随着社会发展，黄岔村房屋建筑还采用干垒墙形式，但为美观对外墙选用的石料进行加工修整，砂灰勾缝，内墙仍为干垒，麦秸泥抹平。至今村内百分之九十以上房屋建筑，仍为干垒墙形式。

民间故事

一个村庄如果衣食住行是它的物质基础，那么民间故事就是它的精神食粮。黄岔村地处太行深山，比较封闭，这为民间故事的产生创造了丰饶的土壤。

在这里，从山水石洞到草木动物，从神仙鬼怪到真实人物，都留下了或脍炙人口、引人入胜，或情节曲折、催人泪下的故事。村名地名、黄巾起义、抗日英模等故事在民间广泛流传。1983年孟范连（抗战时期，内丘县抗日县政府在黄岔村驻扎，设“内丘县南保家民团”，时任团长）、谭士珍著的《太行儿女》一书，以黄岔村抗日人物为主线，记录了他们的英勇事迹。1989年《邢台县故事集》收录了《穿马铃与草籽箭》等11篇有关汉代黄巾军的传说故事。2014年中国传统村落立档调查时，在黄岔村收集整理了风物、人物、地名等民间故事近百篇。普查中，关于汉代张角领导的黄巾军在黄岔村村南凌霄山上建立中央寨、与汉军作战的故事，遍布在山山水水、草草木木之间，融入人们的生活当中。

穿马铃与草籽箭

刘备攻打凌霄山，接连在到底沟败了两阵，五千人马连死带伤剩下不足两千。山上、山下双方相持一月有余，官军进也不是，退也不是。刘、关、张三人烦躁不安，终日坐在军帐里吃酒浇愁。

一天，哥仨正坐在帐中吃闷酒，猛听见军营外人喊马嘶。刘备大吃一惊，急令关、张二人抄起家伙。这时，探子来报：“禀报刘将军，皇甫嵩车提大军来到。”

刘备一听，慌忙让人撤去酒席，整衣束冠同关、张二人迎了出来。

皇甫嵩被刘备请进大帐，坐下便冷冰冰地问：“刘将军出兵月余，那张角道贼可曾拿到？”

刘备躬身施礼道：“在下奉命剿拿叛匪，日夜攻山，杀贼数万人，只是不曾捉住贼首张角。”

“嗯？”皇甫嵩鼻子里哼了一声，拉拉着长脸说，“张角余匪退守孤山，拿他不住却是为何呢？”

刘备拖着哭腔说：“将军不知，凌霄山原是张角修道的地方，山高关险，飞鸟难上，况且山寨粮草千担，精兵上万，那张角呼风唤雨，撒豆成兵。我们几次冒死将他拿住，都被他用妖术逃脱，真乃可气可恼。”

刘备云天雾地的吹了一气，把个皇甫嵩说了个头晕脑涨，不但没有责怪他，反而连连劝说道：“刘将军劳苦功高，稍有失利不必烦恼，我带来一万精兵，明天咱们合力攻山，谅那张角插翅难逃。”

再说山上的黄巾军设计射伤张飞，赶跑关羽，几千将士磨刀擦枪精神大振。听说皇甫嵩亲自带兵来围山，张角召集众将商议道：“皇甫嵩老奸巨猾，他知道刘备在到底沟吃了亏，保准不再从南边攻山，咱们得想法保住东关山道。”

一个叫张斗的老将建议说：“听说皇甫嵩这家伙疑心大，咱能不能给他来个假阵势，吓唬吓唬他？”

张角点头连声称赞。他同几个人一合计，立即想了个计策：吩咐将士们把所有的马铃解下来，用藤条穿成串，挂在山寨两边的山崖上，派一伙老弱军士守在那里，一有号令就牵动藤条摇马铃作为疑兵。然后，集中全寨精壮将士坚守东关，阻击官兵抢关。

次日凌晨，官兵团团围住山寨。刘、关、张在前带队，皇甫嵩督军断后，击鼓鸣炮，从东山脚杀上山来。黄巾军虽说在关上备有檑木炮石，但是人少力单，阻挡不住上万名官军的猛攻。不到两个时辰，官军一连打破两道关隘，眼看就要攻到山顶中央大寨的门前，张角站在炮楼上，把手中黄旗左右一挥，两边山谷密林中顿时铜铃叮当，喊声骤起，远近山谷回声呼应，似有千军万马冲杀而来。刘备本是个斗败的鹌鹑，听见喊杀声，速速收起双剑，连声呼叫关、张二弟："哎呀，不好！咱们又中埋伏，快快退下。"

关、张二将正打在兴头上，听见刘备这么一喊，立马想起到底沟的惨败，心里就发了毛。二人无心抢关，各自按刀拖矛，保定刘备扭头退到山路上。主将一退，当兵的哪有不跑的？一时间官军阵中前队压后队，马兵踏步兵，如风卷落叶般唰啦啦涌下山去。皇甫嵩听说中了埋伏，心中大惊，一个马失前蹄差点从鞍上摔下来。张角率军乘势出关追赶，官军你争我抢挤在山坡上，摔死碰伤者不知其数。

皇甫嵩逃回大营，连惊带气一连病了好几天。刘备过来劝说道："两军对阵，胜败难测，将军不必以一时失利损伤贵体。"

皇甫嵩皱眉苦脸地说："朝廷命我捉拿张角，贼首不除，朝廷怪罪，如何是好？"

"哼，你要一战就捉住张角，叫我这脸往哪儿搁？"刘备心里这么想，嘴里却说："张角依山据守，不可强攻，可以用计破之。"

皇甫嵩问："不知刘将军有何妙计？"

刘备淡淡一笑，屈身伏耳道："眼下正当冬春之交，天气干燥，旱风不止。咱干脆放把大火，烧光山上的草木，贼众无处伏藏，断其粮草，过不了多少天，他们就不战自乱，到时可一网打尽。"

"对，此计甚好。"皇甫嵩不等刘备说完，翻身从床上爬起来，传令将校们进帐听令，依照刘备的计策如此这般吩咐下去。

刘备这条计也真叫毒。官军趁着刮大风，在山下点起大火，眨眼间，风助火势，火借风威，岗山坡洼噼噼啪啪冒起冲天的浓烟。不到半日工夫，凌霄山三关六岭烧成一片火海，一片片松枝茅草化为一层黑乎乎的灰土。张角在中央寨见山下火起，亲带三千将士挖土掘沟，冒着生死在寨墙外开出一条壕埝，才算堵住火焰，保住了大寨。

这场大火烧得可真惨，不光断绝了山上柴草来源，连个埋兵遮身的地方也没有了。官军在山下围得铁桶一般，山上光秃秃地就剩下一座孤零零的关寨。黄巾军几千人只靠着平日积存的一点粮食困守着，万一官军大举攻山如何是好？眼瞅着粮草一天天短缺，战马饿得拱着地皮啃草根，将士们愁得唉声叹气，张角心里十分难过。这天，他巡哨来到东寨，远远看见寨墙下的石缝里摇曳着几片绿闪闪的东西，跑到跟前一看，原来是几粒草籽受潮发芽，长出几片嫩叶。张角一见大喜，顿时心生一计。他传令三关人马，让每人到山寨四周搜取草籽，和上湿土捏成泥弹，趁着朦胧的月色，用箭将泥弹射到寨下四面山上。事也赶巧，就在射下草籽箭的第二天，老天爷降下一场沥沥细雨。泥弹浸了水裂开，无数个草籽被雨水泡涨发芽，抽枝吐叶迎风而长，不到个把月，满山满坡郁郁葱葱，生机勃勃。

官兵在山下扎着营盘，派人把着下山的路口，每天等着捉拿张角。等了一天看不见动静，等了两天听不见消息，一直从清明等到立夏，黄巾军也没一兵一卒下山投降。这天皇甫嵩带人到山脚下细细观看，老远望见山坡上一片碧绿，近前一看满山是嫩草鲜花。皇甫嵩心中暗暗吃惊，心想，都说张角道法高明，莫非他真有移天换地的本领？要不这满山焦土怎么会月余中变为草木呢？看来我军决不能轻举妄动。他正这么愁思苦想瞎琢磨，突然探马送来一份告急文书，打开一看，是北海孔融让黄巾军围住。他便来了个借坡下驴，让刘备带领几千人继续围住山寨，自己带着部下人马溜之大吉。

（收集整理：冯仲生）

↓ 村南的凌霄山

中国民间
文化遗产
抢救工程
THE PROJECT TO CHINESE
FOLK CULTURAL HERITAGES

黄岔村山清水秀，四季分明，原生态的自然环境，造就了丰富的地方物产；勤劳、智慧的村民，历经千百年的传承，做出别具风味的传统小吃。传说许多小吃、饭食还成为当年凌霄山黄巾军的储备军粮。这里有就地取材、独特制作的地方用品，这里有经济实惠、加工可食的本地物产，这里有别具风味、独具特色的杂粮小吃。

↓ 玉米面窝窝头

第六章
名优物产

↓ 晒吊柿

原生态的地方物产

黄岔村地处太行深山，物产以山货为主，如笨蜂蜜、楸子油、烘柿炒面、算盘珠枣、黄仁板栗、野生药材和柳编荆编及小杂粮、果蔬等，加工的可食产品风味独特，编制的可用产品经济实惠，培植的观赏产品赏心悦目。

笨蜂蜜

笨蜂蜜，即野生蜂蜜。黄岔村山高林密，山场多为原始次生林，蜜源植物种类多，花期长，空气湿润，再加上这里树洞、岩缝、山崖、土窟窿等防风避雨之地随处可见，适宜野蜜蜂自筑蜂巢、采集百花之蜜。村民在河溪水源之处，寻找野蜜蜂踪迹，跟随蜂群，找到蜂窝；用勺将蜂窝整体挖到随身携带的桶中，带回家中倒入大铁锅；温火熬制，蜂蜜变稀；蜂巢等杂质漂浮在上，用勺撇去，可加工成蜂蜡；沙石土块沉到底层，扔掉；中间为消毒熬制好的笨蜂蜜，用纱网过滤装到瓷罐内，密封存放，可多年不变质。据村民说，一个大蜂巢，可采集近百斤蜂蜜。笨蜂蜜吃起来沙甜醇厚，是蜜中极品，为一年四季老少皆宜的天然营养佳品，俗有“天然琼浆”之称。现今，随着人工养蜂增多，笨蜂蜜越来越少。

楸子油

楸子油，是黄岔村村民为了解决吃油问题，而独创的采摘野生楸子加工的一种传统食用油。黄岔村山场面积大，野生楸树较多，为村民制作楸子油提供了天然条件。每年秋天，村民采摘带绿皮的楸子，堆在院中“捂”两到五天至绿皮发黑，用木棍捶打去皮；用清水洗净，晒干；用石碾碾碎，搓到簸箕内，再倒进烧开水的大锅内；用笊篱搅拌，“投”“捞”硬皮杂质，就锅开熬四至五个小时，油浮起；用勺“撇”油，再将撇出的油加温提炼，熬去水分，装罐存放，即可食用。传说，当年凌霄山黄巾军也用楸子油做军粮油储备。

↑ 村民在房顶上晒楸子

烘柿炒面

烘柿炒面，是黄岔村村民度灾荒年所存放的一种食品。黄岔村山高林密，盛产柿子。绵柿是本地主栽品种，树龄年久，树干粗大，所结果实，个小稠密，圆润可生食，宜加工晒制成形状端正柔软、霜厚洁白、味甜似蜜、果肉金黄透明、富有弹性的柿饼、吊柿。黄岔村又因地势险要，成为人们躲避兵乱的藏身之地。千百年来，人们为了解决缺粮问题，用绵柿独创了一种充饥小吃——烘柿炒面。其制作方法简便易学，秋后采摘烘柿，与谷糠、高粱糠、麦糠、草籽等掺在一起，团成团，拍成饼，摆放在房顶晒干；用石碾碾成面

↑ 晒烘柿

粉，过箩去渣，盛瓮存放。食用时，开水冲泡即食，入口绵甜，可充饥解渴。据村民说，20世纪60年代闹灾荒时，村民用存放了五十多年的烘柿炒面，救了村民和周围村庄受灾的群众。至今，黄岔村还保留制作烘柿炒面的习俗。传说，当年凌霄山的黄巾军也用烘柿炒面做军粮存放，曾留下“吃不完南山粮，用不完北山兵”之说。也传说烘柿炒面可存百年不变质。

↑ 闲置的荆囤

柳编荆编

柳编荆编，是山区人们日常生活不可或缺的日用品。黄岔村山场河谷利于荆条、柳树生长，村民善于随手采集，编织成实用的生产生活用具。荆条多编成粗用的背草背柴的挎篓、挑粪担粮的挑筐、盛菜运果的花篓、装粮储存的荆囤等；柳条去皮，多编成精细的走亲访友装礼品的提篮、饭桌上盛干粮的端筐等。柳编荆编是黄岔村村民自给自足的一种手工技艺，工序简单易学，人人可编。但随着社会发展，荆编柳编用具使用越来越少，这项传统手工技艺也在逐渐失传。

独具风味的传统小吃

黄岔村地处太行深山腹地，四面环山，位置偏僻，交通闭塞，许多生产生活用品，依靠自给自足。俗话说“靠山吃山”，独特的地理位置，特殊的山形地貌，丰富的地方物产，再加上村民日积月累的生存生活经验，当地形成了别有风味、独具特色的地方杂粮小吃和节日生活习俗饭食。传说许多小吃、饭食还成为当年凌霄山黄巾军的储备军粮。

熬菜煮饺子

熬菜煮饺子，是内丘山区村民过年大年初一早饭所吃的年节饭。黄岔村村民也有大年初一吃大锅熬菜煮饺子的习俗，只是村民的做法不同于其他村。先备好熬菜食材红薯粉条、海菜、豆腐和时令蔬菜，全部经沸水焯一遍，捞出沥水，称“去杂味”；大灶锅加清水放进葱、姜、蒜、大料、盐等调料，倒入焯过的熬菜食材，木柴烧火加热至水开熬汤，为方便煮饺子，需熬成稀汤，称“入味”；将包好的饺子倒进熬好的菜汤内，大火烧滚锅内菜汤，撤大火改小火翻搅锅内所有食材，煮熟饺子，称“借味”；小灶坐小锅加油烹上山葱，浇进大锅菜中，称“点明油提味”。此饭吃起来口味丰富，鲜香爽口。民间传说，汉代刘秀被王

↑ 熬菜煮饺子

莽追杀逃到内丘山中躲藏，饿昏在一农户门口。正巧其家出嫁的闺女回娘家，刚吃了饺子，看到饿昏的刘秀忙救回家，煮上饺子，因剩的饺子少，闺女就放了一些菜同饺子一起煮。刘秀吃了三大碗，问是啥饭，闺女答“熬菜煮饺子”。后来这一家人才知道他们救的人是当朝天子刘秀。从此熬菜煮饺子成为内丘山区一带最好的饭食，天子吃过的饭也就成了新年第一顿饭，现今成为招待贵宾的一道招牌饭食。

腌肉

腌肉，是山区人们常做的一种腌制小吃，也是招待客人的最高礼遇食品。其制作方法是人们通过生活摸索，经千百年传承演变，逐渐形成的传统存肉方法。黄岔村山多地少，最早村民以打猎为生，为了解决所捕获猎物长期存放的问题，摸索出了腌肉之法。最初以所猎获的猪、兔、獾、黄羊、狍子、山鸡等野生动物加工腌制。随着社会进步，养殖业逐步发展，现多用家养猪腌制。一般讲究腌年猪，即正月买来小猪饲养，到腊月年节时杀猪腌肉。黄岔村村民习惯选用带皮猪后腿肉，洗净后，切成一斤左右肉块，水煮至六七成熟，捞出、沥干、滚蜜；再油炸至肉外表微黄，沥出油；肉凉透后，码放在备好的瓷瓮内，码一层肉撒一层盐，再倒入香油灌缝；用猪油密封，随时可食，存放两年不变质。食之肥而不腻，风味独特，可炒菜、包饺

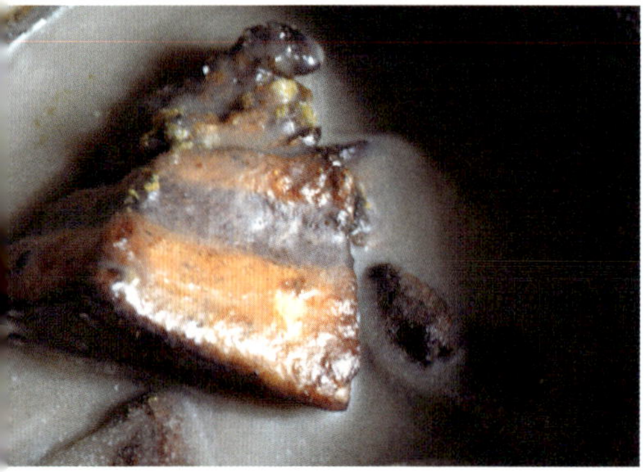

↑ 腌肉

子、做面卤、炖大锅菜，也是馈赠亲朋好友的最佳礼品。传说，当年凌霄山黄巾军将士，依靠山区优势狩猎，将猎物做成腌肉，存放在山洞内，做军粮储备。

炒面干粮

炒面干粮，是黄岔村村民日常出远门时携带的一种干粮。黄岔村地处深山，过去交通不便，人们要走出大山，路上要带干粮。生食需要开火做熟，极不方便，而熟食存放时间短，还易变质。于是人们就制作出炒面干粮，即将各种豆与小米、萝卜干炒熟，加盐，用石碾轧成面，装进长布袋中，搭在肩上，既便于携带，又方便食用，可用水冲成糊，也可干吃，能存放一年不变质。

豆面煎饼

豆面煎饼，是黄岔村村民日常食用的一种面食小吃。黄岔村多为岗坡山地，地块零星散小，很适合点播各种豆类农作物，有绿豆、黑豆、红小豆、大豇豆、菜豆、豌豆、扁豆、南豆、秋豆等山区耐旱豆类作物。将各种收获的豆，用石碾碾成面粉；用温水将面粉打成糊，加盐、葱花搅匀；用勺舀面糊倒在大铁鏊中间；用秫秸做成“拐”，将面糊摊开；用芝麻秸火烙熟，即可食用。也可将烙好的豆面煎饼，摞起来用布单包好，放在冷屋内，可存放一冬天不变质。也可晒干存放数年，用水浸泡即

↑ 村民在房顶上晾晒的各种豆

食。据说也是黄巾军储备的军粮。

苦累

苦累是一道以菜代粮的主食。民间常说："擀面省，烙饼费，蒸干粮不如馏苦累。"黄岔村因地薄贫瘠，粮食产量低，为了充饥，人们从日常劳动中，积累总结出用当地生长可食用的花、树叶及野菜等，加少许小米面掺在一起，上锅蒸熟，出锅后趁热浇上调料即成苦累。

苦累，既可当菜又可当主食。其做法简单，采集所用的花、树叶及野菜等，洗净控水；用开水氽烫去除苦涩杂味，根据个人口味分别添加小米面、玉米面和小麦面粉，搅匀；放入铺好笼布的笼箅内，上锅急火蒸约二十多分钟，中间可搅拌一次，出锅；分别做出

↓ 榆钱苦累

黏甜、松散、筋道的苦累。食用时浇上用石蒜臼捣好加盐的蒜泥、醋，点上小磨香油，吃起来酸甜可口，香辣诱人。

传说，当年黄巾军被围困在凌霄山上，靠吃苦累破解了汉官军长期围困缺粮之难。

现今，苦累已是村中招待宾客的一道特色小吃，原料有槐叶、槐花、榆叶、榆钱、柳絮、柳叶，有沙沙蓬、灰灰菜、麻叶菜、刺刺菜、蒲公英、扫帚苗等，有土豆丝、萝卜丝、瓜花、豆角、红薯叶等，不同原料可做出各色各样的苦累。

杏汤饭

杏汤饭，也叫杏仁汤，是内丘山区人们做的一种驱暑避寒的节气习俗饭，一般选在三伏、三九天。食材选用当地的杏仁、杂

↓ 村民在做杏汤饭

粮、干鲜果菜等，熬制成粥，称杏汤饭。传说，距黄岔村北6公里的圣佛岩上有一座寺，寺中有一住持，乐善好施，精通医术。他发现本地山区所产杏仁药用价值较高，就用众多信徒奉上的豆、米、菜等，熬制成杏汤饭。此汤在平时可做粥饭，夏天饮用可驱暑健体，冬日食用可避寒强身，当地百姓十分喜爱，很快流传开来。杏汤饭制作较复杂，主要包括做杏仁面、配料，熬煮等。其中，做杏仁面需要经采、晒、捏、砸、捡、碾等工序；配料多为当地杂粮、干果、干菜等，需一年四季备料收藏。熬制时四五人忙活，需轮流扬汤四五个小时，才能去除杏仁面中苦涩毒性。因费时费工，平时不做。腊八日做时，四邻八舍都来帮忙，大家纷纷拿出自己珍藏的食料，入伙合做。杏汤饭做好后，全村男女老少自带碗筷，盛上一碗，围坐一起而食，如同吃团圆饭。

橡子面糕

橡子面糕，是黄岔村村民自制的一种面食。黄岔村因山多地少，粮食缺乏，利用山上的橡子果加工成面，成为制作橡子面糕的主要原料。先将橡子面、黍子面、柿子皮面掺在一起，用水搅拌均匀，至手攥成团、撒开即散即可；再将泡好煮熟的各种杂豆、枣掺入搅匀；大锅水烧开，放入秫秸做成的篦子，撒一层掺好的橡子面，盖锅盖蒸熟；掀锅盖，用竹筷在第一层蒸熟的面糕上扎透气眼，再撒第二层橡子面，以此类推，撒七八层，蒸熟即成橡子面糕。刀蘸冷水，将面糕切成方块取出，再蘸水切成薄片，晾凉变硬，放通风处存放。可“馏”食，可熬菜煮食，黏甜糯香，光滑筋道。

橡子面凉粉

橡子面凉粉，是黄岔村村民自制的一种小吃。将自然熟透落于地上的橡子捡回，晒干；用石碾将橡子压开，用簸箕把硬壳簸除；将橡子仁放进瓮中，浸泡二十天，三至五天换一次水，口尝橡子仁不涩，即可捞出，沥干水；用石碾碾成面，过箩筛成面粉；将面粉放入锅内加水，氽成糊，边搅边熬成糊状；盛在盆或碗内，晾凉切条，加醋、葱花等调拌即可食用。

↑ 橡子面凉粉

荞麦面团子

荞麦面团子，是黄岔村村民粗粮细做，日常食用的一种主食。用石碾将荞麦碾成面，将面粉放入盆中，用开水氽烫，手蘸凉水趁热将烫好的面团做成团状或窝窝头状，放到铺好笼布的笼箅上，盖锅盖蒸二十分钟即熟。

饸饹

饸饹，即饸饹面，是黄岔村村民粗粮细作的一种面食。黄岔村山高地薄，不宜种植小麦，适宜高粱、红薯、荞麦等产量偏低的杂粮生长。村民为了改变杂粮口感，进行粗粮细作——压饸饹。将高粱面或红薯面或荞麦面等，用温水氽烫，稍晾搅匀，掺少量白面，揉匀，做成小面团备用；铁锅加水烧至滚开，铁锅上架木制饸饹

↑ 村民在压饸饹

床，将小面团塞入饸饹床漏眼，用饸饹床塞杆摁压面团挤出面条，漏入锅中，开滚即熟；用笊篱和筷子挑出面条，盛碗浇卤即可食用。饸饹口感滑爽，风味独特。现今，黄岔村村民把红薯面、高粱面、荞麦面压成饸饹，做成特色小吃，招待亲朋好友和前来观光的四方游客。

炖菜贴饼子

炖菜贴饼子，是人们选用纯玉米面，烫面拍成面饼，贴在炖菜的大铁锅内壁上，盖上高粱秸做的拍子（即锅盖），烧旺火进行蒸

↓ 炖菜贴饼子

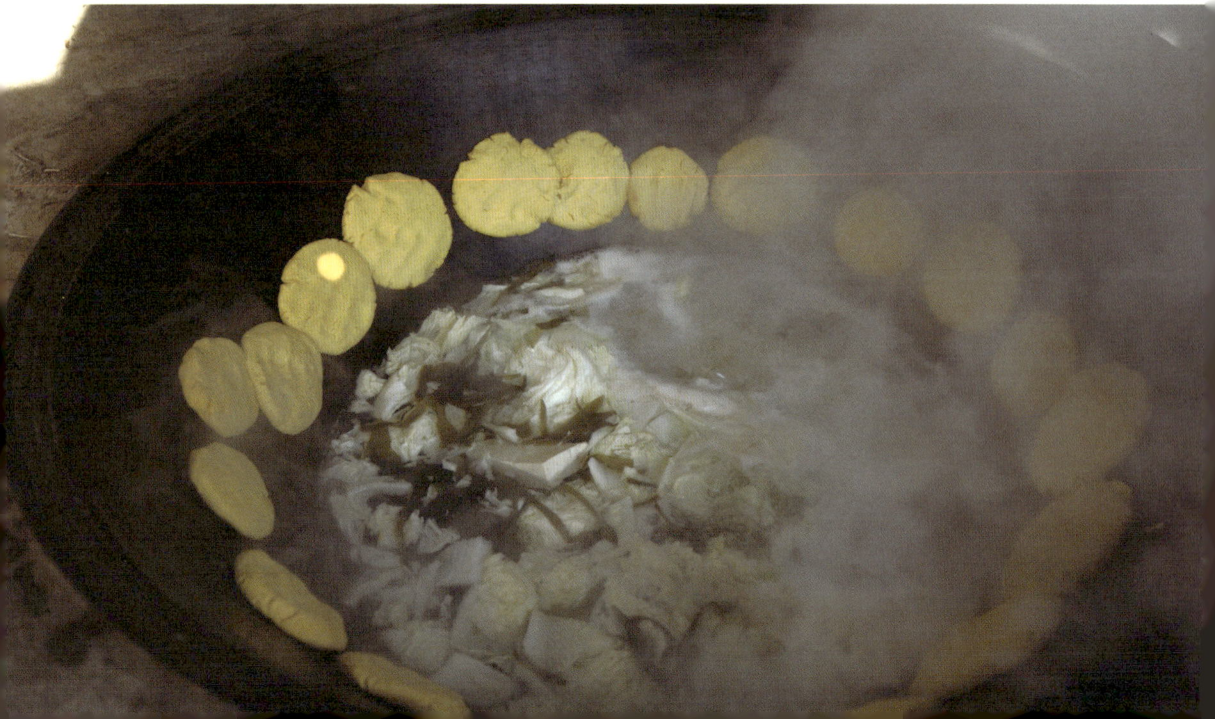

烙的一种饭食，是粗粮菜肴的极佳选配。也有村民把拍好的饼子，直接煮到炖好的大锅菜中，称菜锅煮饼子。民间有一谜语："一面蒸一面烙——打一种面食"，谜底即贴饼子。

传说，汉代刘秀被王莽追杀，逃到内丘深山避难，饥饿时在一农户家吃了麦仁汤、玉米面贴饼子。后刘秀称帝登基，忆起逃难时吃的那顿饭，叫来御厨为他做"一面蒸一面烙，白面疙瘩一道缝"饭食。御厨换了几个都没做成刘秀点的那种饭，最后还是在内丘山区生活过的一个御厨，了解了刘秀逃难的经历，才做出了这顿饭。

炖菜贴饼子，饼子经过蒸烙，外表一面暄腾一面馅馇儿，吃起来酥脆香甜，再配上大铁锅内的炖菜，成为当地村民常做的具有地方特色的饭食。

蒸饼

蒸饼，是用笼箅蒸制而成的粗粮细做面食。取适量细玉米面，用温水汆烫，加小酵子，发酵后加适量碱水；再加少量白面，和成面团，揉光滑，放到案板上；用擀面杖擀成长条状，加少许食盐、油，卷起，揉成团，擀成大饼；整体放入铺好笼布的笼箅内，加急火蒸二十多分钟即熟；出锅后将整个蒸饼切成或方形或三角形的小块，层次分明；吃起来口感酥软香甜。蒸饼是村民农忙时蒸制的省时面食，也是干重体力活时带上的加餐干粮，俗称"吃贴饷""垫补"。

发面窝窝头

发面窝窝头，是农村常用主食。多选用高粱面、小米面、山药干面、玉米面，分别用温水汆烫，发酵，掺入少量的白面粉，揉成

↑ 发面窝窝头

小面团；讲究用大拇指在内捅窝、九指在外团拢的“内一外九”和用一手三指在内捅窝、另两指同另一手在外合作团拢的“里三外二五”手法，蘸冷水做出窝窝头。也有分别取小米面或玉米面团同高粱面或山药干面团合成深浅两色阴阳窝窝头或花卷。摆放在秫秸蒸箅内，上锅蒸二十多分钟，稍焖出锅即可食。口感暄软易嚼，利于消化吸收，也成为老人、小孩喜欢、偏爱的食品。

摊咸食

摊咸食，是一种常做的敬神供品。山区人们缺乏白面，平时敬神，多摊葱花咸食为供品，既是面食又含油盐菜香。摊制时，省时省力，做法简单。取白面打成糊，加入剁好的山葱花、盐、鸡蛋，搅匀；小铁锅加热放少许油；用饭勺舀面糊倒入锅底，端锅旋转摇匀，使面糊摊满锅底成一层薄饼；结块凝固后用铲子翻面，片刻即熟；出锅折叠存放，可敬神可食用。口感细腻柔糯、滑爽香甜，是传统招待宾客的一种小吃，也是伤病之人的特选食品。

炝锅杂面疙瘩汤

炝锅杂面疙瘩汤，是山区人们常吃的一种汤食。因山区盛产杂粮，原粮囫囵煮食费火，熬制时间长，特别不利于老年人、小孩咀

↑ 摊咸食

↑ 炝锅杂面疙瘩汤

嚼食用，消化吸收。人们将杂粮加工，用石碾碾成面粉，取面粉拌成糊或补粒（小面疙瘩），拨拉进锅内滚开的水中，翻滚即熟；再用山葱或山韭菜花炝锅倒入，俗称炝锅杂面疙瘩汤。独有的香味飘至四邻八家，闻之垂涎欲滴，食之齿间留香。

馇饭

馇饭，是内丘人们过元宵节时食用的一种传统节日习俗饭食。农历正月十五晚，黄岔村村民有吃馇饭习俗。选用本地产的黄豆、黑豆、核桃、板栗、红薯粉条、红薯干、胡萝卜干、蔓菁条浸泡，放铁锅内加水熬至烂熟，小米面打浆糊锅，加入豆腐条，将花生、芝麻炒熟加盐碾碎，倒入锅内，熬成稠粥，盛碗即可食用，俗称“馇糊涂”。口感黏稠、淡香、耐嚼。民间认为该日为“点年灯照

↓ 村民在做馇饭

虫蝎”“放水龙灯问降水”“请灶姑姑问年景”“烧扫把柏灵火烤杂病”之日，吃“五谷杂粮馇饭”也有祈求来年五谷丰登、消灭害虫、祛除百病之意。

煎油糕

煎油糕，是内丘人们过“龙抬头日”食用的一种传统节日习俗饭食。民间传说，“二月二，龙抬头”起源于伏羲氏时代，伏羲“重农桑，务耕田”，每年二月初二“皇娘送饭，御驾亲耕”。到周武王时，每年二月初二还举行盛大仪式，号召文武百官都要亲耕。后沿袭成传统节日。

农历二月初二，黄岔村村民有吃煎油糕的习俗。煎油糕，食材选用当地产的黍子和蔬菜。先将蔬菜清洗，剁成馅，加料调好备

↓ 煎油糕

用；再将黍子碾成米，米经过水、捞出沥水、闷晾成“粉”米，粉米用石碾碾成黏米面，黏米面用开水氽烫，做成黏窝窝；放笼箅内蒸熟，趁热将黏窝窝蘸补面做成小面剂，擀成饼，包进调好的菜馅，对折成月牙形，即成油糕坯；小铁锅倒少许油加热，将包好的油糕坯放入油锅煎炸，煎至表皮焦黄再翻面煎炸另一面，熟即出锅，成煎油糕。趁热食之软糯脆香、黏韧筋道。

↑村民在包黍米粽子

黍米粽子

黍米粽子，是黄岔村村民过五月单五所食用的食品。选用当地所产的黍米、豇豆、菜豆、大枣、花生等为食材，浸泡一天一夜；再从河边溪沿的苇地打苇叶并煮熟，包成粽子；用晒干的麦秸莛或蒲草叶浸泡成发韧的“绳腰”绑住，码摆在大铁锅内；放锅箅加重物压实，加水盖锅，慢火焖煮约四五个小时，即熟。端粽子供神灵后，成为过五月单五的美食。

芝麻豆馅饼

芝麻豆馅饼，是黄岔村村民过八月十五所做的一种祭月供品。选用当地所产的豇豆、芝麻、红枣为食材，将红枣去核与豇豆煮烂，“糍”成枣泥豆沙，攥成一个个小团备用；取精麦面粉和成面团，揉至面团表面光滑，俗称“三光”，即手光、面光、盆光；将面团揪成小面剂，揉捏成窝状；包进枣泥豆沙捏合，在两手心揉搓成丸；摁成饼坯，撒上芝麻，擀饼；翻面再撒上芝麻，再擀成圆饼；将饼摆放在擦抹了油的铁鏊上，烙至闻到芝麻香味、饼面金黄；翻面再烙，熟即取出。食之外表酥、脆、香，内馅糯、软、甜，也是过八月十五的美食佳品。

↑ 芝麻豆馅饼

炸麻叶

炸麻叶，是黄岔村村民逢年过节、婚丧嫁娶时所做的一种面食小吃。用白面加盐水或糖水和成面团，取长擀杖榨成大薄饼；将擀好的大饼卷在擀杖上，用刀顺着擀杖将饼划成长条；再切成段，中间划一刀成两边相连面片；取三五片，两头相连的部分从中间划开的口子里翻出；也有将薄面饼切成菱形面片；放到油锅翻炸，呈微黄略发红色，捞出沥油，装盘可食。口感酥脆、甜香。

结语

黄岔村依山傍水，建筑格局独特，全为石头建筑、石铺街巷，保存完好。街巷空间形态曲直结合、高低错落、宽窄有秩，建筑类型多样，且有独特的地方文化，极具开发价值。同时，也面临着自然性颓废趋势和旅游开发性破坏。

黄岔村对原有的古建筑，坚持“修旧如旧、保持原貌”的修缮原则，采用原材料、原工艺、原式原样进行施工；对中岩山黄巾乐调、抬杠箱等活态非物质文化遗产进行挖掘，保存所有历史信息、保护其历史真实性和历史环境风貌。对古村落、古建筑和非物质文化遗产的守护传承，也就是守护村民的精神家园，守护人们心中最温暖、眼中最美丽的家乡风景。

黄岔村本着“因地制宜、合理利用”的原则，重塑功能，把

↓ 凌霄山

环境整治、美丽乡村建设、古村落传统风貌保护与旅游发展紧密结合起来。在村民住房建设中坚持外迁新建原则，自2008年开始规划，陆续迁建到岩南沟新村，先后完成了新村美丽乡村建设，实施了集中供水、垃圾集中处理、村内环境整治、村庄美化亮化等建设工程，对老村村内石板路进行了恢复、古民居房顶进行了加固防漏处理。2013年8月，编制了《黄岔村中岩山旅游开发总体规划》《黄岔村古村落保护规划》，利用闲置的古民居发展了农家乐。2016年冬至2017年春，利用洪灾后恢复重建，整修了进村道路、桥梁、河堤、塘坝等。正确处理了古村落保护与美丽乡村建设、旅游开发之间的关系，有效维护了古村落的整体风貌，使其健康有序发展。

黄岔村古村落维修费用高，保护资金及专业人才匮乏，村民保护意识淡薄，为改变居住条件无序地拆旧建新、外出务工等原因，导致古村落乡土建筑老龄化、空巢化的自然性颓废趋势正在蔓延。古村落还面临旅游开发性破坏。

↓ 岩南沟新村

航拍黄岔村

黄岔村自然地理环境反映了祖先在建村立庄时的智慧，今后发展中应科学制定《黄岔村古村落保护规划》《黄岔村古村落保护利用办法》，将古村落保护利用的各项规定写入村规民约，提高村民自觉保护意识。建立政府为主、企业为辅、社会参与的保护机制，创新多元化、社会化、转移性保护模式。在保留原有建筑风貌前提下，采用原来的特色建筑材料和传统的建筑工艺，对老村古民居进行适当修葺和改装，维护古民居原有的古朴外观和建筑装饰；在尽量保留原有建筑结构和风格的前提下，大力改善内部的生活设施，如厕所、照明、水电、网络等。统筹新村建设，明确定位新村和老村的不同功能，做好相互衔接，利用老村风貌吸引游客，利用新村完善设施服务游客。充分利用自然环境资源，营造亲近自然的氛围，开辟生态旅游，发展农家乐、民宿休闲旅游、观光农业。在保护古村落和自然生态的同时，注重文化传承，开发文化旅游产业和文化创意产业，创新节庆活动，每年固定开展春节、正月十五文艺会演，三月十五、十月十五中岩山老神庙庙会等传统民俗活动，推动黄岔村旅游提档升级，走出崭新的历史文化名村旅游发展道路。

↑ 2016 年重修的通村路

参考文献

[1] 孟范连，谭士珍.太行儿女[M].长沙：湖南人民出版社，1983.

[2] 邢台县地方志编纂委员会.邢台县志[M].北京：新华出版社，1993.

[3] 巨鹿县志编纂委员会.巨鹿县志[M]. 北京：文化艺术出版社，1993.

[4] 河北省内丘县地方志编纂委员会.内丘县志[M].北京：中华书局，1996.

[5] 杜学德.中国民俗大系・河北民俗[M].兰州：甘肃人民出版社，2004.

[6] 中共内丘县委党史研究室.中国共产党内丘历史・第一卷[M].石家庄：河北人民出版社，2005.

[7] 陈玉明.卧牛城的故事与传说[M]. 石家庄：河北少儿出版社，2005.

[8] 河北省内丘县地方志编纂委员会.内丘县志[M].北京：方志出版社，2006.

[9] 和莲芬，武春山.内丘非物质文化遗产[M].石家庄：河北美术出版社，2015.

[10] 张贵生，和莲芬.内丘杏峪・寒山・鹤度岭[M].石家庄：河北美术出版社，2015.

[11] 申海林，刘爱军.内丘特色产品[M].石家庄：河北美术出版社，2015.

后记

《中国历史文化名城·名镇·名村丛书》的编纂出版，为黄岔村带来一个良好的机会，作为河北省历史文化名村，《中国历史文化名村·河北黄岔》被《中国历史文化名城·名镇·名村丛书》河北省编委会确定为入编丛书之一，《中国历史文化名村·河北黄岔》编委会主任、政协内丘县委员会主席王建中主持了本书的编纂工作。

《中国历史文化名村·河北黄岔》的普查、编纂工作早在2014年开展“中国传统村落立档调查”时就已经着手进行。面对

↓ 2014年和莲芬（右）在黄岔村走访调查

资料的短缺，河北黄岔普查工作团队，不但深入到第一线，翻山涉水实地考察，挨家挨户一一走访，进行第一手资料的搜集，还北上石家庄购买相关资料书籍，南下邯郸寻访老干部采集回忆录，跑邢台、南和、巨鹿、广宗、永年等地寻找有关史料和传说等资料。直到2016年10月河北省编委会召开《中国历史文化名城·名镇·名村丛书》河北卷启动会，才确定由张贵生、和莲芬承担该书主编。当时二人已承担了河北示范卷《中国历史文化名村·河北神头》《中国千年古县·河北内丘》两部书的编纂任务。考虑到示范卷的紧迫性，直到2016年底完成了示范卷的全部修改工作，才着手按丛书体例及黄岔村实际，共列出“藏在深山的汉代古寨”“神奇秀

↓ 2017 年张贵生与和莲芬（右）在走访调查

↑ 2017 年崔增印（中）在航拍黄岔村

↑ 2017 年姚丽君（手持相机者）在黄岔村凌霄山顶拍摄庙会活动

丽的凌霄山”“抗日红色堡垒村”“节庆习俗”“乡土文化”“名优物产”等六个章节。全书撰稿工作自2017年1月开始，历时半年完成。全书图片由崔增印、姚丽君、张贵生拍摄。

在本书编纂过程中，河北省民间文艺家协会主席郑一民三次组织专家团到黄岔村考察、认定，并指导制定编写方案，还在繁忙政务中抽出时间逐字逐句修改文稿。时任县政协主席常青组织政协委员到黄岔村视察，指导该书编写。副主席张和平是黄岔村人，全力联系、协调相关部门配合和支持，还对该书文稿进行审阅。黄岔村所在獐獏乡时任党委书记戎文革，县文联主席秦风英，黄岔村刘志国、李贵中、李建军、李敬芳、闫书增、李书群等，对该书的编写工作给予大力支持。内丘摄影家协会的王彦彬、范彦军、杜洪臣、刘继东、彭永梅、王国清、姚晓敏等提供了精美图片。在此表示衷心感谢！感谢知识产权出版社副总编辑王润贵、河北省民协非遗中心主任刘贤，他们悉心审改书稿，为成书付出了很多心血。对支持和帮助我们工作的所有人士在此一并致谢！

《中国历史文化名村·河北黄岔》的编纂出版，是对黄岔村历史文化首次进行图文并茂、全方位、全面地讲述与推介。编撰者为此书作了最大的努力，愿把黄岔村之悠久历史、多彩民俗、秀美山川、独特文化展现于读者面前。但因笔者水平有限，尽管已经尽了最大的努力，书中错漏及不足在所难免，唯有恳请读者批评指正。

编者

写于2017年6月

修改于2021年3月

图书在版编目（CIP）数据

中国历史文化名村．河北黄岔 / 中国民间文艺家协会组织编写；潘鲁生，邱运华总主编．—北京：知识产权出版社，2021.8

（中国历史文化名城·名镇·名村丛书）

ISBN 978-7-5130-7583-1

Ⅰ．①中… Ⅱ．①中… ②潘… ③邱… Ⅲ．①乡村—概况—内丘县 Ⅳ．①K29

中国版本图书馆CIP数据核字（2021）第125099号

责任编辑： 王颖超　　**责任校对：** 王　岩

装帧设计： 研美文化　　**责任印制：** 刘译文

中国历史文化名城·名镇·名村丛书

中国历史文化名村·河北黄岔

中国民间文艺家协会　组织编写

总 主 编　潘鲁生　邱运华

本卷主编　张贵生　和莲芬

出版发行： 知识产权出版社有限责任公司　　**网　　址：** http：//www.ipph.cn

社　　址： 北京市海淀区气象路50号　　**邮　　编：** 100081

责编电话： 010-82000860转8655　　**责编邮箱：** wangyingchao@cnipr.com

发行电话： 010-82000860转8101/8102　　**发行传真：** 010-82000893/82005070/82000270

印　　刷： 天津市银博印刷集团有限公司　　**经　　销：** 各大网上书店、新华书店及相关专业书店

开　　本： 720mm×1000mm　1/16　　**印　　张：** 12.5

版　　次： 2021年8月第1版　　**印　　次：** 2021年8月第1次印刷

字　　数： 155千字　　**定　　价：** 80.00元

ISBN 978-7-5130-7583-1